스미스 위글스워스
하나님의 능력으로 불타오른 삶
Smith Wigglesworth
A Life Ablaze With The Power of God

스미스 위글스워스
하나님의 능력으로 불타오른 삶

Smith Wigglesworth
A Life Ablaze With The Power of God

윌리엄 하킹 지음 · 김진호 옮김

믿음의 말씀사

Smith Wigglesworth
A Life Ablazed With the Power of God
by W. Hacking

Published by Harrison House, Inc.
P.O.Box 35035
Tulsa, Oklahima 74153

2006 / Korean by Word of Faith Company, Korea.
Printed in Korea.

스미스 위글스워스
하나님의 능력으로 불타오른 삶

1판 1쇄 인쇄일 · 2006년 6월 5일
1판 1쇄 발행일 · 2006년 6월 8일

지 은 이 윌리엄 하킹
옮 긴 이 김진호
발 행 인 최순애
펴 낸 곳 믿음의 말씀사
주   소 경기도 성남시 분당구 이매동 137-3 동산쇼핑몰 301호
전화번호 (031)703-2294 FAX : 703-2298
홈페이지 http://www.jesuslike.org
출판등록 제68호 (등록일 2000. 8. 14)

ISBN 89-90836-33-6 03230
값 5,000원

헌 사

오순절 사역과 목회에
거의 오십 년 동안이나 나의 삶의 동반자였던
나의 사랑하는 아내에게 이 작은 책을 바칩니다.

목 차

역자 서문 ··· 8
서문 ·· 10
추천사 ·· 11
제1장 하나님을 향해 불타오르다 ··················· 13
제2장 사람들 앞에서의 위글스워스 ················ 21
제3장 믿음과 능력의 사람 ··························· 33
제4장 사랑의 사람 ······································ 39
제5장 하나님을 위해 구별된 사람 ·················· 45
제6장 그는 하나님과 함께 동행하였습니다 ······ 55
제7장 설교자 위글스워스 ···························· 63
제8장 그의 설교를 기록한 노트 ···················· 65
후기 ·· 93

역자 서문

　제가 원하던 때는 아니지만 하나님의 은혜로 지난 1999년 가을부터 2000년 봄까지 안식년 동안 미국 털사에 있는 레마 성경 훈련소에 가서 1학년 학생으로 훈련을 받는 복을 누렸습니다. 좋은 책과 강사들을 통한 가르침도 기대가 되었지만 개인적으로는 케네스 해긴 목사님이 살아 계시는 동안 그 분에게서 배울 수 있는 기회가 제게 주어진 것이 가장 감사했습니다.
　쉬는 시간 큰 강당에 수백 명의 학생들이 웅성거리는 소음이 한 쪽 구석에서부터 조용해지기 시작하면 그 쪽에는 해긴 목사님이 걸어 들어오고 계셨습니다. 중앙에 있는 강단의 계단을 오를 때면 모두가 제 자리에 앉아 존경하는 마음으로 조용히 그 분을 쳐다보았습니다. 우리들의 긴장과 흥분과는 관계없이 그 분은 늘 부드럽고 평안한 얼굴로 인사를 하고 수업을 시작했습니다. 어린 아이 얼굴 같은 순박함과 단순함, 그리고 평안과 기쁨으로 가득 찬 붉은 색을 띤 백인의 얼굴 빛, 책에 있는 내용, 테이프로 들었던 내용도 반복되었지만 그분이 직접 체험한 수많은 간증은 언제나 그분 자신을 흥분시켰습니다. 믿음으로 사는 삶의 기쁨과 보람을 말하다 보면 수업이 끝날 때는 언제나 기쁨에 넘쳐서 "나는 내 스스로 행복해지기 위해 설교합니다!"라고 말하며 "오늘도 그렇게 했네요(I did it again)."하고 강의를 마칠 때는 하나님이 주시는 기쁨으로 넘치는 하나님의 사람을 보는 우리도 모두 행복해 했습니다.

역자 서문

조지 스토몬트 목사님은 친구 목사로서 위글스워스 목사님과 함께 교제하고 집회를 하면서 보고 느낀 모습을 적었다면(스미스 위글스워스: 하나님과 동행했던 사람, 믿음의 말씀사 출판) 이 책은 가까이서 운전하며 목사님을 모시고 다녔던 한 세대가 더 젊었던 한 목사님의 그에 대한 개인적인 증언의 기록입니다. 교회의 영적인 수준을 보려면 사찰 집사가 행복하게 섬기고 있는지 보라든가 목사의 말과 행동이 일치하는지 알려면 사모가 목사님 설교에 은혜를 받는지 보라는 말들이 있습니다. 이런 말들은 바로 가장 가까운 사람들에게 가장 진솔한 모습이 비쳐진다는 말일 것입니다. 윌리엄 하킹 목사의 증언을 통해 우리는 위글스워스 목사님이 어떤 사람이었는지 좀 더 분명한 그림을 가지게 되었습니다.

예수님의 말씀을 위주로 기록한 복음서도 제자였던 마태와 요한에 의해 기록되고 마가와 누가에 의해 기록되어 더 풍성하고 정확하게 전달되었던 것처럼 믿음의 사도 스미스 위글스워스와 가까이서 교제했던 사람들이 남긴 증언은 아직도 그가 남긴 설교집과 함께 우리들에게 많은 도전과 영감을 주고 있습니다. 복음을 정확히 알고 전할 뿐 아니라 복음대로 사는 삶이야말로 우리 모두가 원하는 것입니다. 이 책이 스미스 위글스워스 목사님의 능력과 삶의 비밀을 찾아 배우고 경험하는 데 도움을 되기를 바랍니다.

2006년 6월

김 진 호 목사

(분당예닮교회 담임, 예수선교사관학교장)

서 문

이 책은 목적이 분명합니다. 나는 스미스 위글스워스의 전기를 쓸 만한 사람이 아니기 때문에 전기가 아닙니다. 나는 직접 내가 그를 만나서 경험한 것을 기록했습니다.

이런 책을 쓸만한 다른 사람들도 있는데 그 분들이 아직 이런 책을 쓰지 않았습니다. 오랜 숙고 후에 이 하나님이 기름 부으신 하나님의 종에 관해서 그가 사역을 통해 수많은 사람들에게 가져다 준 크나큰 축복과 영감과 역사에 대하여 알려야겠다는 생각이 나를 강권하였습니다.

나는 이 책을 쓰면서 큰 축복을 경험했습니다(특별히 그의 설교를 받아 적으면서 은혜를 받았습니다).

이 책을 읽은 사람들은 그리스도인들로서 사는 삶에 영감을 받고 담대한 믿음에 대한 도전을 받게 될 것을 확신합니다.

윌리엄 하킹

추 천 사

스미스 위글스워스는 한 세대 이상 오순절 계통의 사람들에게는 가족 이름과 같았습니다. 오늘도 그는 오순절 설교와 글에서 가장 자주 언급되는 이름입니다.

그는 믿음의 사도라고 불렸으며, 그는 담대하게 병고침에 관해 설교하였으며 그는 순복음의 메시지를 온 세상에 전했습니다. 그 당시는 이 방면의 설교자로는 보스워스 형제들과 마리아 우드워스 에터를 제외하고는 거의 알려진 사람들이 없을 때였습니다.

그는 글쓰는 사람이 아니었지만 아직도 그의 메시지를 기록한 많은 책들이 판을 거듭하여 퍼져 나가고 있으며, 그에 대한 전기는 거의 모든 오순절 설교자들의 서가에 꽂혀 있습니다.

복음 안에서 나의 사랑하는 친구요 동역자인 윌러엄 하킹이 쓴 이 책은 특별히 환영을 받을 것입니다. 이것은 스미스 위글스워스에 관해서 추억을 기록한 처음 책입니다.

하킹 형제는 25년이 넘도록 그 분과 사역을 통해 끊임없이 접촉을 했었습니다. 그의 책은 그 분의 속마음을 보여주고 이 위대한 하나님의 사람의 인격을 보여 주고 있습니다. 그의 너무나 인간적인 모습과 그 분의 다른 사람에 대한 이해심과 구원받지 못한 사람과 병든 사람과 가난한 사람에 대한 그의 동정심을 볼 수 있습니다.

개인적으로 나는 이 신선한 추억에 관해 깊이 감사합니다. 나는 이 책을 읽으며 많은 유익을 얻었습니다. 나는 위글스워스 형제가 1918년 핼리팩스에 있는 우리 교회를 방문했을 때 처음 그를 만났습니다. 1919년 그의 유명한 브래드포드 성회에 참석하였고 1920년에는 나는 선교사 후보로서 강단에 서 있었습니다.

스미스 위글스워스는 선교사의 심장을 가지고 있었습니다. 그는 자기 딸을 앙골라에 선교사로 내어 주었으며 그 후에 그녀는 사우스 아프리카에, 나중에는 제임스 쏠터의 아내로서 콩고 복음주의 선교(the Congo Evangelistic Mission)에 헌신하였습니다.

그는 1924년 내가 콩고로 파송될 때 값비싼 시계를 내게 주었습니다. 1929년 내가 안식년을 보내고 있을 때, 나는 자주 그를 태우고 병든 사람들을 기도해 주기 위해서 동행했습니다. 이런 경우에 그는 항상 받는 사례금의 반을 내게 억지로 주어서 나를 감동시켰습니다.

온 세계의 여러 곳에서 큰 성회를 할 때는 언제나 자신을 후원하는 헌금은 하루 저녁만 받고 두 번째 저녁 헌금은 콩고의 사역을 돕도록 하였습니다.

이 친근감 있는, 여러 가지를 밝히 보여주는 이 책을 추천하며 여기에 언급된 사건들과 마지막 장에 기록된 그의 말들이 많은 사람들을 감동하여 그들의 삶과 사역에 더 큰 것들을 바라보며 하나님을 믿게 되기를 기도합니다.

해롤드 우머슬리
전 콩고(현재의 자이레) 복음주의선교회 전회장

제 1 장
하나님을 향해 불타오르다

불붙은 삶. 하나님과 함께 불타오른 삶.
이 말은 하나님의 종 스미스 위글스워스를 확실하게 묘사하는 말입니다.
1940년 11월 21일 내게 쓴 편지에서 그는 이렇게 썼습니다.

형제의 사역에 크나큰 축복이 있다는 소식을 기쁘게 받았습니다. 특별히 영혼들이 구원받는 것과 하나님께서 형제를 매우 갈급하고 하나님을 절실히 필요로 하는 자리에 있게 해주신 것에 대해 매우 기쁩니다.
우리는 당신이 이번 주말 던캐스터에 있다는 것을 기억할 것입니다. 너무 길게 설교하지 마십시오. 사람들이 피곤해지기 전에 그물을 당기십시오. 이렇게 해야 형제나 그들이나 모두 신선함을 유지할 수 있습니다.
마음속으로 "성령과 불, 불, 불로 세례를 받을지니라!"라고 자주 반복하십시오. 모든 기름부음과 우는 것과 고통스러워하는 것들은 불의 세례를 통해서 옵니다. 나는 나 자신과 당신에게 이렇게 말합니다. 새롭게 된 영적인 능력으로 부정한 것을 걸러내고, 깨끗하게 씻겨지고, 충만하게 되어라.

하나님께서 형제를 축복하시기를.

주님의 종
스미스 위글스워스

스미스 위글스워스는 독특한 사람이었습니다. 그는 근엄하고 강해 보이는 얼굴에 반짝이는 작은 눈을 가진 위엄이 있는 사람이었습니다. 거칠지만 동시에 세련된 언제나 어두운 색깔의 양복을 말끔하게 차려 입은 사람이었습니다.

주님의 소유가 된 사람은 주님께서 돌보신다는 것을 그는 믿었습니다. 만일 좋은 양복이 세 벌 이하가 되는 처지에 처한다면 주님께서는 그가 연관공 사업으로 돌아가기를 원하는 것으로 알 것이라고 말하는 것을 나는 들었습니다.

그는 항상 예의 바르고 친절했습니다. 그는 자신이 마귀적인 악한 세력을 다루고 있다는 것을 알고 있을 때만 거칠게 보였을 뿐입니다. 지혜, 깨어짐, 순수함, 영적인 갈망이 그의 사역의 특징이었습니다.

나는 개인적으로 위글스워스 형제가 얼굴을 찡그린 것을 본 적이 없습니다. 그는 항상 웃는 얼굴이었습니다. 결코 크게 웃지는 않았지만 미소를 띠고 있었으며 때로는 익살스러움이 그의 눈 속에 빛났습니다.

그는 자신의 사명이 하나님의 백성을 축복하고 세우는 것이며 그들의 믿음에 영감을 불어넣고 잃어버린 영혼을 구원하는 것이라는 것을 알고 있는 사람이었습니다. 그는 병든 사람, 고통 받는 사람, 눌려있는 사람들에 대해서 마음에 늘 부담을 지니고 있었습니다.

책 한 권의 사람

스미스 위글스워스는 누구든지 언제든지 성경이나 신약 성경을 가지고 있지 않은 자기를 잡아내는 사람에게는 오 파운드의 상금을 주겠노라고 말하곤 했습니다.

한 번은 그가 자기의 신약 성경을 놓고 간 것을 내가 발견하고 오 파운드를 요구했습니다. 반짝이는 눈에 얼굴에는 미소를 머금고서 그는 자신이 성경을 가지고 있지 않은 것이 아니고 그가 성경을 집어들기 전에 내가 자기 성경을 먼저 집어들었을 뿐이라고 말하면서 나의 도전에서 빠져 나갔습니다.

한 번은 내가 읽고 은혜 받았던 작은 책을 한 권 읽으라고 그에게 권해 보았습니다. 그의 아내가 자기에게 읽고 쓰는 법을 가르쳐 준 이래로 그는 자기의 성경 외에는 어떤 책도 읽지 않았노라고 설명하면서 공손하게 거절하였습니다.

그 때 그는 책을 언급하면서 이렇게 말했습니다.

"나는 책을 읽을 수 없지만 그 책을 내 사위인 지미 쏠터에게 주세요. 그는 사방에 천장에 닿을 만큼 책이 많습니다."

"내가 미국에 가면 가끔 질문에 대답을 하는 시간이 있는데 나는 내가 대답을 할 수 있는 것은 대답을 하고, 내가 대답할 수 없는 질문은 '내 사위인 쏠터가 답변을 할 것입니다. 그는 나보다 더 훌륭한 학자입니다.' 라고 말합니다."

그를 비판하는 자들이 그가 어떻게 그의 첫 번째 책을 출판하게 되었는지 물었을 때 그는 이렇게 대답했습니다. "내가 출판한 것이 아닙니다. 기자들이 내가 전한 메시지들을 받아 적어서 책으로 만들어 낸 것입니다!"

돌아가시기 몇 년 전에 그는 내게 주는 개인적인 말을 새겨 넣은 그의 책 한 권을 내게 주었습니다. 나에게 그 책을 주면서 그는 이렇게 말했습니다.

"자, 하킹 형제, 이 책은 아무에게도 빌려주지 말아야 하네. 이 책은 빌려주는 책이 아니야. 우리는 책을 팔아야 하는데 책을 빌려주면 사람들이 안 사거든. 이 책으로 선교사들을 위해서 2만 파운드(약 5만 달러)나 벌었다네."

아주 오래 전 이야기입니다. 그 책은 지금도 계속 출판되고 있고, 선교사들을 위해 돈을 벌고 있습니다.

내가 그를 처음 보았을 때

내가 스미스 위글스워스를 처음 보았을 때 나는 그를 먼 거리에서 보았습니다.

블랙번에 사는 우리들 몇 사람이 금방 오순절 경험을 하고 나서 얼마 지나지 않아서 프레스턴에서 복음 전도자 스미스 위글스워스가 주말 집회를 열고 있다는 말을 들었습니다. 그 당시에는 영국 전체에도 오순절 목회자는 많지 않았습니다. 탁월한 세 사람은 스티븐 제프리, 조지 제프리와 스미스 위글스워스였습니다.

 스미스 위글스워스는 그 때에도 벌써 믿음의 사도라고 여겨졌습니다. 주장하는 권세와 더불어 그의 사역은 놀라운 기적들로 증명된 "현대의 엘리야"라는 다소 근엄한 명성을 가지고 있었습니다.

 그래서 그의 설교를 듣기 위해 프레스턴을 방문할 것을 기대하며 우리는 크게 흥분해 있었습니다.

 프레스턴의 집회장은 랭카스터 가에 있었습니다. 컴컴한 계단 45개를 올라가서 가운데 자리 잡은 큰 홀이었습니다. 건물 입구는 안 좋았지만 한 주 한 주 지나면서 작고한 토마스 머스코프의 지도에 영감을 받아 상당한 사람들이 모였었습니다.

 때때로 여러 나라에서 오순절의 간증을 가진 많은 지도자들이 이 곳에서 집회를 하려고 방문했던 곳이었습니다.

 벨기에령 콩고에 파송된 세 명의 유명한 선교사, 버튼 형제, 쏠터와 허그슨과 그 후에 그들을 뒤따른 많은 선교사들이 파송된 것도 바로 이 집회를 통해서였습니다.

 바로 이 역사적인 저녁 집회에 소수의 우리 친구들은(대부분이 블랙번에 사는 청년들이었음) 이 "다락방"에 들어갈 수 있게 되었던 것입니다.

 그 당시 블랙번의 우리 친구들 중에 한 사람은 만성병 환자였었습니다. 그녀는 집안에서 의자와 테이블을 의지하며 자신의 몸을 끌고 천천히 돌아다녀야 했습니다. 그녀의 다리는 끔찍해 보이도록 부어 있었습니다. 그녀는 수년 동안 집안일도 하지 못했습니다. 그녀는 의사들이 말한대로 류머티즘, 류마

티스성 관절염, 신경염, 기관지염의 합병증으로 고통을 받고 있었습니다.

우리들 중 두 세 명이 그녀가 낫게 되는 것을 간절히 원해서 그녀에게 프레스턴에 가자고 설득했습니다. 마가복음 2장 3절에 나오는 중풍병자를 예수님께 데리고 왔던 네 사람이 했던 것과 같은 일을 해냈던 것입니다. 두 개의 막대기의 힘을 이용해서 우리가 그녀를 프레스턴 역에서 반 마일 밖에 떨어져 있지 않은 "다락방"까지 데리고 가는 데는 45분이 걸렸습니다 (그 당시에 우리는 택시를 탈 형편이 안되었습니다).

집회가 시작되자 위글스워스 형제가 메시지를 전했습니다. 10시 10분 전 까지 베드로가 감옥에서 나오게 된 것에 대한 놀라운 메시지가 계속되었습니다 (행 12장). 우리가 타야 할 기차는 프레스턴 역에서 오후 10시 15분에 출발하기 때문에 우리는 우리가 데려간 자매가 기도를 받을 수 있도록 하기 위해서 그의 설교를 중단시켰습니다.

위글스워스 형제는 그녀에게 손을 얹더니 질병을 극적으로 꾸짖어 버렸습니다. 다음에 우리가 알게 된 것은 그녀가 계단을 달려 내려갔다는 것과 우리는 그녀를 뒤쫓아 가기에 바빴다는 것입니다!

그녀는 순간적으로 완전히 나았습니다!

다음 날 그녀는 모든 집안일을 해치웠습니다. 이 기적은 그녀가 살고 있는 이웃 사람들을 흔들어 놓았으며 많은 사람들이 구원을 받게 되었고 여러 사람이 개척 교회의 신실한 성도가 되었습니다.

더욱 놀라운 것은 미치기 직전에 있던 확실한 술주정꾼이었던 그의 남편이 깊은 책망을 받게 된 것이었습니다. 두 주 후 어느 날 밤 그는 자기 침대에서 나와 방바닥을 기어 나오며 하나님의 자비하심을 간구하며 부르짖었습니다.

순간적으로 하나님께서는 놀랍게 그를 구원하심과 동시에 성령으로 충만하게 하셨습니다. 다소의 사울처럼 기적적으로 갑작스럽게 회심하자마자 그는 "제자들과 어울렸으며... 곧 그리스도를 선포하였습니다."(행 9:20, 26) 그는 우리가 개척한 교회의 첫 번째 회계 담당자가 되었습니다.

이것이 내가 스미스 위글스워를 먼 데서 처음 본 모습이었습니다.

이보다 훨씬 더 가깝게 그와 접하게 될 날들이 다가올 것이라고는 나는 전혀 생각도 하지 못했습니다.

그 당시에는 전혀 그럴 가능성도 없었는데 주님은 이와 같이 언제나 나에게 좋은 분이셨습니다.

청년으로서 나는 전 오순절 운동에 참여하고 있는 위대한 하나님의 사람들과 아주 가깝게 교제할 수 있게 되었는데 그들은 내게 끊임없는 영감의 근원이었습니다.

주님은, 당신을 경외하는 사람의 소원을 이루어주실 것입니다(시 145:19).

그 때 내 안에 있는 가장 강렬한 소원은 내가 그렇게 많이 이름만 들었던 스티븐 제프리스와 스미스 위글스워스 같은 사람들과 가까이 교제하는 것이었습니다.

불과 몇 년 안에 나는 스티븐 제프리스와 함께 어떤 큰 교회의 목사로 함께 섬기게 됨으로써 이 소원은 이루어지게 되었으며 곧 이어서 하나님의 사랑받는 종인 스미스 위글스워스 같은 분과 친구가 되었습니다.

위글스워스 형제는 젊은이들에 대한 따뜻한 마음을 가지고 있었습니다. 내가 그를 처음 만났을 때 나는 삼십대 중반이었습니다. 그와 함께 하며 교제할 수 있었던 것은 나의 특권이며 기쁨이었습니다.

제 2 장
사람들 앞에서의 위글스워스

스미스 위글스워스와 사랑받던 프레스턴 성회의 창립자인 토마스 머스코프는 아주 절친한 친구였습니다. 내가 기억하고 있는 수년 동안 위글스워스 형제는 그 당시 유명했던 프레스턴 연례 오순절 성회에 초청된 존경받는 강사였습니다.

내가 처음 참석했던 프레스턴 성회는 기억에 남을 만한 것이었습니다. 몇 명의 우리 젊은 사람들은 자전거를 타고서 블랙번을 떠나 아침 집회에 조금 늦게 도착하였습니다. 우리는 교회 건물 아래층에 있는 교회학교 교실로 내려가서 복도에 자전거를 세워두었습니다. 우리는 자전거를 세워두고 코트를 벗어두는 데 시간을 지체했습니다. 우리는 약 500명의 사람들이 모여서 하나님을 찬양하고 있는 진행 중인 집회에 빨리 들어가려고 애를 썼습니다.

우리가 집회 장소에 들어갔을 때는 모든 사람들이 한 사람도 예외 없이 "성령 안에서" 찬양을 드리고 있었습니다. 그 찬양 소리는 내가 듣던 중 가장 놀라운 하모니를 이루고 있었습니다. 불협화음이라고는 전혀 없었습니다. 목소리는 서로 섞였고 노래는 단조와 장조로, 크고 작게, 오르고 내렸습니다.

한 순간은 한 쪽에서 소리가 나는 듯했고 또 다음 순간에는 다른 쪽에서 소리가 나는 듯 했습니다. 이어서 대단하고 놀라운 최고조의 소리로 올라가곤 했습니다. 그 소리는 마치 우리가 하늘나라 입구에 도착한 것 같은 느낌이 들도록 했습니다. 이런 상태로 거의 20분 정도 계속되었다고 해도 과장이 아닐 것입니다.

놀랍게도, 하나가 되어 하모니를 이루고 있는 이 방언으로 드리는 노래는 우아하게 손을 움직이며 눈을 감고서 강단 위에 서 있는 한 남자에 의해 인도되고 있었습니다. 그는 때때로 스스로 "존귀하신 어린 양이여"라고 하면서 노래 중에 외치곤 했습니다.

나중에 알게 되었는데 그 찬양의 인도자는 그 당시에 하나님의 말씀의 대단한 강해 설교자였던 첼튼햄의 재이스 목사였습니다.

몇 명의 선교사들이 강단 위에 앉아 있었습니다.

토마스 머스코프는 특별히 제작된 이동형 "빌혼" 오르간 옆에 앉아 있었는데 그는 성령의 기름부음 아래서 연주를 하고 있었습니다.

그 홀에는 눈에 띄는 하나의 장식이 걸려 있었는데 한 쪽 벽을 다 가리는 큰 헝겊에 쓴 포스터였습니다. 포스터에는 "너희의 것이 아니라 그분의 것"이라고 씌어 있었습니다.

스미스 위글스워스는 강단 중앙에 앉아 있었습니다. 성령으로 충만한 그의 인격의 영향은 대단하였습니다. 내가 그분을 만난 모든 경험을 통해서 나는 그처럼 철저하게 자신의 인격에 대해서는 잊어버리고 관심도 없는 사람을 알지 못했습니다.

스미스 위글스워스의 관심을 끄는 유일한 인격은 성령님의 인격이었으며, 영광을 받아야할 유일한 분은 오직 주 예수 그리스도였습니다. 실제로 그는 누구든지 자신의 인격을 내세우려고 하는 의심이 드는 사역자에 대해서는 상당히 거칠게 대했던 것으로 알려졌었습니다.

예배 중의 위글스워스

스미스 위글스워스는 큰 집회를 처음부터 주도하여서 회중들을 거의 순간적으로 하나님의 임재 안으로 이끌어가는 능력을 가지고 있었습니다. 집회에서 하나님의 임재 안으로 이끌어 가기 전에 밋밋한 시간이 있을 필요가 없다는 것이 그에게는 너무나 분명했습니다. 그에게 있어서는 하나님은 처음부터 거기 계셨으며 끝까지 머물러 계셨습니다. 그가 살던 시대에 그의 방법들은 많은 사람들에게 매우 비정통적이라고 여겨진 것은 의심할 여지가 없습니다만 그런 방법들도 하나님께 갈급한 사람들에게는 언제나 축복을 가져다주었습니다. 예배 중인 회중을 인도하면서 그가 하는 격려의 말은 흔히 역설적이기도 하고 재미있기도 했습니다.

한 번은 그가 이렇게 말했습니다. "나는 여러분들을 불만스러운 곳 즉 다른 어떤 것으로도 만족할 수 없고 오직 만족시킬 수 없는 만족으로만 만족할 수 있는 그런 곳으로 인도하기를 원합니다."

또 한 번은 그는 이렇게 말했습니다. "어떤 사람들은 좋은 것으로 만족합니다. 다른 사람들은 더 좋은 것으로 만족합니다. 가장 좋은 것은 나를 발전하도록 하는 것입니다."

이런 위글스워스주의는 대개 그가 한 방언을 통역함으로써 방언으로 받는 메시지였습니다.

위글스워스주의(Wiggleswothism)라고 내가 부르는 것은 그가 그의 작은 신약성경을 머리 위에 들고 노래하는 방법을 말하는 것입니다.

나는 주-님을 알고 있어요, 나는 주-님을 알고 있어요,
나는 주님께서 손을 내 위에 얹으신 것을 알고 있어요.

그는 언제나 회중들에게 손을 높이 들고 그들의 마음을 주님께 쏟아 놓으라고 요구함으로써 마무리를 지었습니다.

회중들이 주님을 향하여 손을 들고 빛나는 얼굴로 경배와 기도로 몇 분을 보내고 난 후에 그는 찬양을 한 곡 인도함으로써 찬양과 기도를 마무리하였습니다. 흔히 그는 이렇게 하였습니다.

예, 하나님으로 충만합니다. 예 하나님으로 충만합니다.
용서받고 깨끗하게 되어 하나님으로 충만받았습니다.
예, 하나님으로 충만합니다. 예, 하나님으로 충만합니다.
나는 비워지고 하나님으로 충만합니다.

그는 가끔 이 노래를 대신 부르기도 했습니다.

나는 믿습니다, 나는 믿을 것입니다.
예수님께서 나를 대신해서 죽으셨다는 것을,
십자가 위에서, 그의 피를 흘리셔서,
죄로부터 나를 자유케 하셨다는 것을.

얼마나 자주 예배를 마칠 때마다 사람들을 강단 앞으로 불러 모아 놓고 "지금 나오십시오. 나는 여러분을 도와드리고 싶습니다."라고 했었는지요. 성령 충만 받은 하나님의 종으로서 위글스워스 형제는 자신이 그들을 도울 수 있다는 것을 알고 있었습니다.

위글스워스 형제는 설교 도중에도 자주 방언을 말했습니다. 많은 경우에 그가 말하는 방언은 때로는 달콤하고 멜로디가 있기도 했으며 나로 하여금 "천사와 사람의 방언을 말한다"는 말씀을 생각나게 했습니다(고전 13:1).

그는 신학자라기보다는 선지자였으며 그는 잊을 수 없는 말을 많이 하였습니다. 예를 들면 이런 말입니다. "나는 성령을 받았다는 것만으로 만족한 사람보다는 성령 충만을 받지 못했으나 하나님께 대해 갈급한 사람을 강단에 세우겠습니다."

위글스워스 형제의 인도 하에 부활절 집회 기간 중에 열렸던 프레스턴에서의 선교사의 날은 항상 기억에 남는 일이었습니다. 여러 나라로부터 온 많은 선교사들로부터 우리는 큰 도전을 받았습니다.

그 당시에 우리 젊은 사람들에게 위글스워스 형제는 어딘가 경외감이 들고 신비한 그런 인물이었습니다.

프레스턴의 치담 가에서 있었던 집회 때 나는 강단으로부터 한 2미터 정도 떨어진 곳에 앉아서 너무나도 생생하게 그의 모습을 지켜보았던 것을 기억합니다. 거기 앉으면 강단은 앉은 사람의 눈높이 정도가 되었습니다.

위글스워스 형제가 설교를 시작하였을 때 나는 작은 강단 바닥 위에 길이 10센티미터 지름 3센티미터 정도 되는 셀룰로이드 병에 기름이 담겨 있는 것을 보았습니다.

위글스워스가 강단 위를 왔다 갔다 하면서 설교를 하기 시작하는데 그의 발은 그 기름병에서 거의 3센티미터까지 가까이 이르곤 하였습니다. 그러나 그는 그 사실을 완전히 잊어버리고 있었습니다.

비록 그의 설교를 듣고는 있었지만 동시에 그가 그 병을 밟아 깨뜨릴까봐 염려하면서 호기심과 놀라움으로 나는 그를 지켜보고 있었습니다. 그럼에도 불구하고 그는 단 한 번도 그 병을 건드리지도 않았습니다.

또 한번은 썬더랜드에서 있었던 하나님의 성회 집회 중에 위글스워스가 사도행전 2장과 4장의 낯익은 성경구절을 가지고 오순절에 관한 설교를 하고 있었습니다.

그는 하늘로부터 불의 혀가 내려와서 각 사람 위에 머물러 있는 것을 묘사하고 있었습니다. 손을 그의 머리 위로 들고서 그는 손가락을 재주껏 움직이면서 몇 분 동안 이 놀라운 현상을 묘사하였습니다. 이 시간 내내 지는 해의 황금빛이 창문을 통하여 그의 손가락을 비치므로 말미암아 마치 살아있는 불꽃이 그의 손에 나타난 듯이 보였습니다.

놀랍게도 그가 불꽃에 대한 묘사를 마치고 오순절 성령세례의 다른 면에 관하여 설교를 하기 시작하자 그 햇빛은 사라지고 말았습니다.

이 두 가지 일에 관한 나의 회고가 실제적이기 보다는 다소 호기심을 일으키는 데 불과하다고 생각할 수도 있고, 나도 기꺼이 그런 생각에 동의하기도 하지만 이런 사건들은 사람이 하나님의 뜻과 성령의 능력 안에서 항상 행동하기만 한다면 누구나 조금도 틀림이 없이, 확실하게 살 수 있다는 인상을 내게 심어 주었습니다.

독특한 사역자

위글스워스의 말 중에 하나는 "하나님은 너무나 크기 때문에 그 분은 언제나 신선하고 새로운 것을 가지고 계신다(God is so big, He always has something fresh)"는 말입니다.

그의 사역과 집회를 경험했던 모든 사람들은 아무도 무슨 일이 일어날지 확실히 알 수가 없다는 것에 동의할 것입니다. 때때로 그는 병고침 받기를 원하는 사람들은 다 일어서라고 하였습니다. 그리고 나서 다른 사람들은 다 서 있게 하고 그는 한 사람씩 개인적으로 상대하여 말을 하였습니다.

어떤 경우에 그는 가끔 가장 비정통적인 것들을 말하곤 하였습니다.

어떤 집회에서는 병고침 받기를 원하는 사람들이 모두 서 있는 동안에 매우 존경을 받고 있던 한 사업가를 향하여 이렇게 말을 하였습니다.

"자, 형제, 형제는 뭐가 문제지요?"

"나는 요통이 있습니다."

"알았습니다." 위글스워스는 큰 소리로 외쳤습니다.

"당신은 스스로 나을 수 있습니다. 아픈데다 형제의 손을 대십시오. 자, 이제 마귀에게 나가라고 명령하십시오. '너 마귀야, 예수 이름으로 명하노니 나가라.' 라고 큰 소리로 말하십시오."

오순절 경험을 최근에 체험한 유력한 사업가와 감리교 목사가 상당히 당황했으리라는 것을 이해하기는 어렵지 않습니다. 지금도 그들이 느꼈을 당황스러움을 누구나 알 수 있을 것입니다. 칭찬할만하게도 그는 (군중들이 지켜보고 있는 가운데 좀 머뭇거리기는 했지만) 속삭이는 목소리로 "너 마귀야, 예수 이름으로 명하노니 나가라."고 말했습니다.

이런 식의 접근 방법은 위글스워스를 만족시켜 주지 못했습니다. 그는 강단에서 소리쳤습니다.

"형제여! 더 큰 소리로 하시요! 마귀를 부드럽게 다룰 수는 없습니다. 자 이제 큰 소리로 '너 마귀야, 예수 이름으로 명하노니 나가라!' 고 말하시오."

갑작스럽기도 하고 또 어떤 사람들에게는 매우 거칠고 투박스럽게 보여도, 그 상황을 잘 알고 있는 우리들은 하나님께서 위글스워스 형제에게 영감을 주고 있다는 것을 너무나 잘 느낄 수 있었습니다. 그 당시에 하나님께서는 후일에 하나님이 가장 아끼는 종들 중의 한 사람이며 우리 가운데 지도자가 될 사람을 빚고 계셨습니다.

또 한 번은 스미스 위글스워스가 프레스턴 치담 가 회중 강당에서 밤 집회에 초청을 받았습니다. 몇 개의 위대한 찬송곡들을 부름으로써 시작하여 위글스워스 형제가 아래와 같이 예배 시간을 인도하였습니다.

"기도하는 사람들 있습니까? 왼손을 드십시오. 됐습니다. 큰 소리로 기도하는 것을 믿는 사람은 나머지 손도 드십시오. 됐습니다. 모두 다 큰 소리로 기도합시다."

거의 모든 사람들이 따라 했습니다. 이 짧은 시간의 기도에도 하나님의 축복이 있었던 것은 의심할 여지도 없었습니다.

위글스워스는 회중들로 하여금 이런 노래를 부르도록 인도하면서 마무리를 했습니다.

나는 믿습니다, 나는 믿을 것입니다.
예수님께서 나를 대신해서 죽으셨다는 것을,
십자가 위에서, 그의 피를 흘리셔서,
죄로부터 나를 자유케 하셨다는 것을.

그러나 위글스워스 형제는 아직 끝나지 않았습니다. 그는 "서 있으십시오."라고 말한 후에 오늘날은 물론이요 진지한 오순절주의자들 가운데서도 "광신적"이라고 할 만한 일을 시도하였습니다.

"자, 방언으로 말하는 것을 믿는 사람들은 왼손을 드십시오." 그가 이렇게 말하자 대부분이 손을 들었습니다.

"큰 소리로 방언을 말하고 싶은 사람은 나머지 손도 드십시오. 자, 모두 방언을 말합시다."

거의 모두가 따라했고 그 효과는 대단했습니다.

찬양과 경배가 잠잠해지자 그는 후렴을 다시 불렀습니다.

예, 하나님으로 충만합니다. 예, 하나님으로 충만합니다.
용서받고 깨끗하게 되어 하나님으로 충만받았습니다.
예, 하나님으로 충만합니다. 예, 하나님으로 충만합니다.
나는 비워지고 하나님으로 충만합니다.

그리고 난 후에 그는 이렇게 질문하였습니다. "처음으로 성령 충만을 받고 방언을 말한 사람들은 몇 명이나 됩니까?"

한 30명 정도가 손을 들었습니다.

집회를 시작할 때 위글스워스 형제는 온 회중을 일으켜 세우고 두 손을 높이 들게 하고서 믿음으로 "예수! 예수! 예수!"하고 반복해서 예수의 이름을 부르도록 할 때도 있었습니다.

그는 이렇게 말했습니다. "하늘과 땅의 모든 능력이 예수의 이름에 들어 있습니다. 하나님의 사랑하는 아들 예수의 이름보다 더 하나님께서 반복해서 듣기를 좋아하는 이름은 없습니다. 예수! 예수! 예수! 예수! 예수!"

이 하나님의 사랑받는 종의 권면에 반응하지 않는 경우는 없었으며 사람들이 반응을 보이면 그 효과는 역대하 5장 13절, 14절에 묘사된 것과 똑같았습니다.

> **나팔 부는 자와 노래하는 자들이 일제히 소리를 내어 여호와를 찬송하며 감사하는데 나팔 불고 제금 치고 모든 악기를 울리며 소리를 높여 여호와를 찬송하여 이르되 선하시도다 그의 자비하심이 영원히 있도다 하매 그 때에 여호와의 전에 구름이 가득한지라**
> **제사장들이 그 구름으로 말미암아 능히 서서 섬기지 못하였으니 이는 여호와의 영광이 하나님의 전에 가득함이었더라**

내가 여기서 언급한 이런 사건들을 통해서 위글스워스 형제가 광신적이었다는 결론을 내리는 독자가 있다면 이것보다 더 진실과 거리가 먼 것은 없을 것입니다.

그의 진지함과 근엄함은 항상 경외감을 자아내었지만 그는 찬양이 얼마나 귀한 것인지 예수의 이름에 얼마나 능력이 있는지 확실히 알고 있었습니다.

위글스워스 형제는 100% 오순절 사람이었습니다.

비판하는 사람들에게 대하여 그는 이렇게 말했습니다. "당신들의 편견의 우산을 내려놓고 늦은 비를 맞으러 나오십시오."

제 3 장
믿음과 능력의 사람

제 1장에서 내가 말한 것처럼 스미스 위글스워스를 처음 만났을 때 나는 우리의 환자 친구를 사탄의 손으로부터 구원해 내었던 놀라운 치료의 기적을 목격하는 특권을 누렸습니다. 하나님께서는 우리의 눈 앞에서 이 기적을 행하셨으며 하나님이 사용한 도구는 스미스 위글스워스였습니다.

그의 종을 통하여 하나님께서 역사하신 기적들을 모아서 기록했더라면 아마도 주 예수 그리스도의 치료의 능력을 증거하는 대단한 책이 되었을 것입니다.

수년에 걸친 이 사랑받던 종의 사역을 통해서 눈먼자가 보게 되고 앉은뱅이는 걷게 되었으며, 온갖 질병들이 고침 받았으며, 종양과 암 덩어리들이 사라졌으며, 심지어는 죽은 사람도 살아났습니다. (할 말이 많이 있지만 스미스 위글스워스의 치유 사역을 자세히 다루는 것은 여기서 나의 목적이 아닙니다.)

그의 예배 때 자주 부르던 찬송가 중 하나는 이것이었습니다.

예수의 이름을 믿는 자에게는
모든 것이 가능하다네.

그가 합창으로 인도하기 가장 좋아하던 것은 "믿기만 하라"였습니다.

그 사람의 특징을 잘 나타내도록 말한다면 스미스 위글스워스의 치유 사역에서 가장 흔히 나타나는 것은 그가 하나님의 말씀 특히 마가복음 6장 13절에 순종하여 기름을 바르는 것을 믿었다는 것입니다.

"많은 귀신을 쫓아내며 많은 병자에게 기름을 발라 고치더라."

그는 자신이 쓰려고 작은 셀룰로이드로 기름병을 특별히 제작하였습니다. 이 병은 거의 원가에 팔았는데 수백 개가 사역자들을 통하여 병든 사람들을 낫도록 기도하는데 사용되었습니다. 까만 바탕에는 이런 글자가 새겨져 있었습니다.

위글스워스, 빅터가 70번지, 브래드포드

그 당시에 목사들은 주머니에 이 기름병을 가지고 다니지 않으면 반만 준비된 사람으로 여겨졌었습니다.

많은 사람들에게 주는 영감

전임 사역에 있던 사람이나 그렇지 않은 사람이나 불문하고 위글스워스 형제의 믿음과 모범에 영감을 받은 사람이 많았다는 것은 의심할 여지가 없습니다. 어떤 사람들은 그의 방법이

나 태도나 심지어 목소리까지 그를 따라 했습니다. 이런 것들이 이처럼 대단한 성품을 가진 그의 고매한 인격에 대한 나쁜 증거로 여겨져서는 안 될 것입니다.

스미스 위글스워스와 함께 있으면 5분도 안되어서 내 안에서 하나님을 믿으리라는 대단한 영감이 솟아오르는 것을 나는 개인적으로 체험하였습니다.

지금도 그의 사진을 보고 있으면 그의 미소, 반짝이는 눈, 얼굴에 나타나 있는 조용한 평안 같은 것들이 이렇게 오랜 세월이 지난 후인데도 내게 다시 신선한 영감을 불러일으켜 줍니다.

위글스워스 형제는 다른 사람의 치유를 위해서 기도만할 뿐 아니라 자신의 치유를 위해서도 믿음이 강했습니다. 나는 그가 공개적으로 "나도 몸을 가지고 있는지 잘 모르겠습니다."라고 말하는 것을 들은 적이 있습니다.

이에 대한 좋은 예를 스위스에서 온 유명한 치과 수술 의사인 란쯔 박사가 프레스턴 집회 중에 사람들과 나누었습니다.

란쯔 박사는 스미스 위글스워스와의 첫 만남에 대해 말했습니다. 위글스워스가 설교하고 병든자를 고치던 스위스에서의 큰 집회였다고 합니다.

그 당시 위글스워스 형제는 최소한 70세는 되었습니다. 내가 알기에는 75세였던 것 같습니다.

그 당시에는 아직 이 영광스러운 구원에 들어오지 않았던 란쯔 박사는 회중 가운데서 강단에 있는 위글스워스 형제에게 도전을 하였습니다. 그는 이렇게 말했습니다. "위글스워스 씨, 당신은 신유를 설교하고 있습니다. 그런데 왜 하나님께서는 당신의 치아들을 보존하지 못하고 의치를 해 넣고 다니게 하지요?"
　위글스워스는 이렇게 대답했습니다. "의사 선생님 당신이나 여기 회중 가운데 아무나 이 집회가 끝난 후에 이 치아가 내 것이 아니라는 것을 확인한다면 내가 5파운드를 상금으로 주겠습니다."
　란쯔 박사는 속지 않았습니다. 그는 집회 후에 강사실로 갔습니다. 놀랍게도 위글스워스 형제는 의치를 해 넣고 다닌 것이 아니었습니다. 그의 이는 새 치아 같은 그 자신의 치아였습니다.

병을 이김

　그러나 말년에 위글스워스의 병고침에 대한 믿음은 가혹한 시련을 통과해야만 하였습니다. 삼 년 동안이나 그는 담석증의 끔찍한 고통으로부터 고생을 하였습니다.
　여기서 빠져 나오는 유일한 길은 수술 밖에 없다는 것을 전문가로부터 듣고 위글스워스는 "하나님이 수술 하실거야."라고 말했습니다.
　그의 사위인 제임스 쏠터가 내게 말한 바에 따르면 그들은 거의 매일 밤 설교를 하면서 함께 미국을 여행하고 있었다고 합니다. 위글스워스 형제는 매우 큰 고통을 받으며 출혈을 하고 있었습니다. 그는 낮에는 침대에 누워서 지내고 매일 밤 택시를 타고 집회 장소로 오갔으며 돌아와서는 즉시 침대에 누웠습니다. 이런 생활이 하루하루 밤낮으로 지속되었습니다.
　쏠터 형제가 말했습니다. "그럼에도 불구하고 그 집회들은 놀라웠으며 위글스워스로부터 나오는 말씀은 대단한 영적인 능력이 있었으며 하나님의 병을 고치는 능력이 놀라운 기적들로써 증거되었습니다."

병고침이 위글스워스 형제에게 임했을 때 그것은 강력하였습니다!

거의 순식간에 스무 개가 넘는 모든 담석들이 쏟아져 나왔고 위글스워스 형제는 완전한 건강을 회복하였습니다. 그는 그 돌들을 작은 깡통에 넣어 두었는데 한 번은 그것을 내게 보여주었습니다. 어떤 것들은 꽤 컸고 다른 것들은 뾰족뾰족한 것이 마치 바늘 끝 같이 날카로웠습니다. 이 돌들은 심한 고통을 주었을 뿐만 아니라 깊이 상처를 내었기 때문에 그는 계속 피를 흘렸던 것입니다.

스미스 위글스워스는 가끔 작은 병을 앓았습니다만 그는 항상 똑같이 승리를 맛보았습니다. 좀 기간이 길었던 병의 공격에서 회복된 후에 내게 보낸 편지에서 그는 이렇게 썼습니다.

"로마서 8장 11절 말씀대로 주님께서는 놀랍게 나를 살려주셨네. 예수를 죽은 자 가운데서 살리신 이의 영이 너희 안에 거하시면 그리스도 예수를 죽은 자 가운데서 살리신 이가 너희 안에 거하시는 그의 영으로 말미암아 너희 죽을 몸도 살리시리라."

위글스워스 형제는 살아 있는 믿음의 본을 보였을 뿐만 아니라 모든 일에 날카롭고 지혜롭게 접근하는 것을 보여주었습니다.

그는 자신을 잘 돌보았습니다.

집회를 마친 후에 나는 그에게 가디건을 하나씩 하나씩 덧입혀 주었습니다. 그는 옷을 받아 입으면서 "하킹 형제, 항상 몸을 따뜻하게 잘 지키게. 춥다고 느껴지면 옷을 더 껴입게. 사람들이 뭐라고 생각하거나 말하거나 개의치 말게."라고 내게 말했습니다.

놀랍게도 위글스워스 형제는 진실로 믿음의 사도였지만 그는 또한 자신의 한계를 알고 있었습니다. 아마도 그가 말한대로 그는 "특별한 믿음의 계통(particular line of faith)"을 알고 있었다고 하는 편이 더 나을 것입니다.

그가 한 번은 내게 스완씨 성경 대학(Swansea Bible College)에 대한 긴 보고서와 어떻게 리스 하웰스(Rees Howells)가 기도하여 100,000 파운드를 받았는지 기록한 것을 보냈었습니다. 그 속에는 그가 이렇게 쓴 것이 동봉되어 있었습니다. "하킹 형제, 이것을 읽으시오. 형제의 믿음을 자라게 해 줄 것입니다. 이것은 나의 특별한 믿음의 계통이 아닌 것 같습니다."

이것은 위글스워스에게 아주 특별한 것이라고 여겨집니다. 이 말은 로마서 12장 3절의 마지막 부분에 대해 어떤 빛을 더해주는 도움이 될 수도 있을 것입니다.

우리들 중에 어떤 사람들은 믿음에 대해서 말하고 정의하려고 하지만 스미스 위글스워스의 경우를 보면 그는 이 위대한 은혜의 선물의 살아 있는 모습 자체였습니다(embodiment).

제 4 장
사랑의 사람

브래드포드를 생각하지 않고는 스미스 위글스워스를 아무도 생각할 수 없을 것입니다. 그가 지도자로 있었던 보울랜드 스트리트 미션에 나는 한 번도 가 본적이 없지만 브래드포드 빅터 로드 70번지에 있던 그의 집에는 정기적으로 방문했었습니다.

그의 집은 상당히 크고 짜임새는 없었지만 위글스워스에게는 "홈, 스위트 홈"이었습니다.

어떤 사람들은 스미스 위글스워스에 대해서 사람들이 가까이 하기 어렵고, 현실과는 동떨어져 있으며, 접근하기가 힘든 사람이란 인상을 가지고 있습니다. 이런 사람들은 그가 사람들과 교제하기를 즐겼다는 것을 알고 놀랄 것입니다.

내가 브래드포드에서 30킬로미터쯤 떨어져 있는 곳에서 로이스턴 교회를 담임 목사로 섬기고 있는 동안 위글스워스 형제는 자주 내게 자기를 찾아오라고 차비를 보내주곤 했었습니다.

그를 방문했던 기억은 언제나 귀한 추억이 되었습니다.

스미스 위글스워스는 아주 단순하고 편안하였지만 항상 하나님의 생명으로부터 무엇인가를 나누어주는 것 같았습니다.

한 번은 내가 방문하고 돌아올 때가 되었을 때, 그는 내 어깨에 손을 얹더니 이렇게 말했습니다. "하킹 형제, 자네 이젠 가야 되지. 우리 기도합시다."

나는 그 때 그가 해준 웅장하고 간략했던 기도를 결코 잊을 수 없을 것입니다.

그는 이렇게 기도했습니다. "주님, 주의 종들에게, 중심을 잘 살피는 심장과 위대한 결단을 하는 의지와 예수의 피를 통한 크나큰 확신을 주시옵소서. 아멘."

그리고 나서 갑자기 그는 이렇게 말했습니다. "하킹 형제, 이제 버스 타러 빨리 가게. 빨리 안 가면 기차 놓치겠네."

그는 일 분 동안은 천국에 있다가 일 분 간은 땅 위에 있었습니다.

영성에 실용성을 더한 사람이었습니다.

스미스 위글스워스는 항상 이 두 가지가 놀랍게 조화를 이루고 있는 사람이었습니다.

사람이 너무 영적이면(하늘에만 관심을 두면), 너무 실용성이 없다(땅에서는 아무 데도 쓸 데가 없다)는 말은 상식이 된 유명한 말입니다. 나는 또한 너무 땅에 것만 관심을 가져서 하늘나라 일에는 아무 쓸모가 없어지지 않도록 항상 균형을 유지하려고 했습니다.

하나님의 종 스미스 위글스워스는 언제나 영적으로 깊으면서도 아주 실용적이어서 항상 균형을 정확하게 유지함으로써 나에게 깊은 감명을 주었습니다.

사랑의 사람

수 년 동안 브래드포드 집회는 많은 수의 갈급한 성도들과 방문객들을 끌어들였습니다. 위글스워스 형제는 그 집회의 주최자요 지도자일 뿐만 아니라 사람들을 환영하고 영접하는 데도 본을 보였습니다. 그는 이렇게 말했습니다.

"우리 집은 집회에 참석하는 방문객들로 항상 가득합니다. 모든 침실뿐만 아니라 화장실 거실 바닥에서도 잠을 잡니다. 한 번은 우리 집이 이미 꽉 찬 뒤에 어떤 사람이 문을 두드리더니 자기가 집회에 참석할 수 있도록 자기가 머물 수 있게 해 달라고 했습니다. 나는 그 형제를 거절할 수 없었습니다. 그 형제는 우리와 함께 머물 수 있다는 것 때문에 너무나 기뻐했습니다. 그러나 그 형제는 한 가지 이상한 요구를 하였습니다. 그는 '위글스워스 형제님, 저는 한 가지 요구 사항이 있습니다. 식사할 때 제게 빵 하나와 물 한 컵만 주시겠습니까? 수 년 동안 이것이 저의 식사 습관이 되었습니다. 더 많이 주시면 나는 먹을 수가 없습니다.' 의심할 여지도 없이 나는 그 형제처럼 건강한 모습의 사람을 보지 못했습니다. 나중에 나는 영양사에게 물어 보았습니다. 그는 '그것은 초자연적인 것입니다. 자연적으로 본다면 그 형제는 물과 빵만으로는 살아 있을 만큼 충분한 영양을 섭취할 수 없습니다.' 라고 말했습니다. 우리는 '여호와가 너희의 양식과 물에 복을 내리고' 라는 약속을 기억하였습니다."(출 23:25)

보우랜드 미션의 지도자로서 위글스워스 형제는 예수님께

서 누가복음 14장 13,14절의 말씀을 문자 그대로 지키라는 인도를 받은 적이 있었습니다.

> **13 잔치를 베풀거든 차라리 가난한 자들과 몸 불편한 자들과 저는 자들과 맹인들을 청하라**
> **14 그리하면 그들이 갚을 것이 없으므로 네게 복이 되리니 이는 의인들의 부활시에 네가 갚음을 받겠음이라 하시더라**

위글스워스 형제는 식사하러 오는 사람들에게 오직 한 가지만 요구하였는데 그것은 바로 그들이 짧은 복음의 메시지를 들어야 한다는 것이었습니다. 많은 사람들이 초대에 응하였고 그날 브래드포드에서 가장 나쁜 사람이 구원 받았습니다. 위글스워스가 이 사람에 대해서 말한 바에 따르면 실제로 그 사람이야말로 브래드포드에서 가장 나쁜 사람일 것이라는데 나는 전혀 의심이 없습니다.

스미스 위글스워스는 은혜롭고, 사려 깊고, 지혜로운 성품의 사람이었습니다. 그의 목자다운 사랑은 언제나 그가 브래드포드 미션과 연관해서 열렸던 야외 집회에서 그의 리더십에 관해 했던 말에 아주 잘 나타나 있습니다. 그는 이렇게 말했습니다.

"추운 날씨에 야외 집회를 열 때는 나는 항상 내가 발견할 수 있는 가장 얇은 양복을 입고 가장 얇은 구두를 신습니다. 집회에 참석해 서있는 사람들 중에는 우리만큼 옷을 잘 입지 못한 사람들이 있다는 것을 나는 알고 있습니다. 이렇게 함으로써 나는 언제 추위를 느끼기 시작하는지 알 수 있고 그 때가 바로 집회를 마무리할 시간입니다."

이런 지혜롭고 사려 깊은 행위는 내가 다른 사람들을 대할 때 요구하기 보다는 배려하는 사람이 되도록 하는데 큰 도움이 되었습니다.

여러분도 스미스 위글스워스와 좀 더 가까이 접할 기회가 있었더라면 그는 살아있는 믿음을 가졌을 뿐만 아니라 사랑으로 역사하는 믿음을 가진 사람이었다는 것을 알게 되었을 것입니다(갈 5:6).

그가 사역하는 것을 지켜 본 사람들은 그가 설교하고 병자들을 섬길 때 때때로 그의 눈물이 볼을 타고 흘러내리는 것을 보았을 것입니다. 그는 영적으로 깨어져 있었기 때문에 가끔은 이런 깨어짐이 온 회중을 덮을 때도 있었습니다.

스미스 위글스워스는 숙련된 개인 전도자였습니다. 그가 한 번은 대서양을 건너는 배를 타고 있었을 때 배에서 연주회가 준비되어 있었다고 합니다. 어떤 사람이 그에게 와서 이 연주회에 참여하도록 초청했다고 합니다.

"글쎄요. 한 가지 조건이 있습니다. 노래하는 프로그램을 진행할 때 나를 제일 첫 번째 순서에 넣어 주십시오."라고 그는 말했습니다.

분명히 동의해 줄만한 조건이었습니다.

음악회가 시작되었고 그는 첫 번째 노래할 사람으로 소개되었습니다. 그는 노래를 불렀습니다.

내가 알고 있는 주님을 말할 수만 있다면
나의 길을 밝혀주신 나의 속량자,
그의 임재가 얼마나 귀한지 말할 수만 있다면,
당신은 오늘 당신의 주님으로 모실 것이 분명합니다.

합창:
내가 말할 수 있을까요 내가 할 수 있을까요,
그 분의 임재의 햇빛이 나의 길을 어떻게 비치는지
나는 말하겠어요. 나는 말하겠어요.
당신은 오늘 당신의 주님으로 모실 것이 분명합니다.

그 음악회에 참석하기 전에 그가 많이 기도했으리라는 것은 의심의 여지가 없습니다. 그 결과 그 자리에서 예수 믿을 사람이 있었는지는 모르지만 하나님의 임재가 너무나 느껴져서 어떤 사람들은 울고 있었고 음악회는 더 이상 계속할 수가 없었습니다.

그때 받은 강한 인상을 많은 사람들은 그들이 죽는 날까지 잊지 못했으리라는 것은 의심의 여지가 없습니다.

찰스 피니 같이 위글스워스 형제는 하나님으로 충만한 사람이 거기 있다는 것 자체가 말 한 마디 하지 않아도 죄인을 회개하도록 하는 책망을 가져올 수 있다는 것을 믿었습니다. 기차에서 그가 앉아 있을 때 그 앞에 앉았던 사람이 자리에서 벌떡 일어나더니 "당신이 나에게 죄를 생각나게 합니다!"라고 소리를 지르고는 다른 칸으로 가버렸다고 합니다.

제 5 장
하나님을 위해 구별된 사람

대부분의 하나님의 진실한 종들처럼 그에게도 대중들에게 알려진 성품이 있고 알려지지 않은 성품이 있습니다.

어떤 참 하나님의 종에게든지 많은 특징들이 있습니다. 오직 한 각도에서만 그를 바라보는 것은 아주 부당한 행위입니다(고후 6:1-10을 보십시오).

이것은 스미스 위글스워스의 경우도 마찬가지였습니다.

하나님이 주신 담대함(Divine Audacity)

오늘 날 까지도 그를 기억하는 많은 사람들은 그를 예측하기 힘들도록 갑작스럽게 행동하며, 가까이 하기 어려울 뿐 아니라 심지어는 매우 가까이 하기 어려운 사람으로 생각하고 있습니다. 물론 그는 매우 독특한 사람이었습니다. 그와 똑같은 사람은 다시 있을 수 없습니다.

부르심을 받은 초창기에 소위 "하나님이 주시는 담대함(divine audacity)"이라 불리는 것의 필요성을 그가 느꼈기 때문에 이것이 때로는 그를 퉁명스럽게 보이도록 하였습니다.

나는 요크셔에서 한 집회 중에 그와 함께 하였던 것을 생생하게 기억하고 있습니다. 오전 시간에는 집회가 없었기 때문에 우리를 초청한 사람이 우리를 더커리로 운전하며 안내를 하였습니다. 더커리는 요크셔와 노팅햄 사이의 경계선에 자리하고 있는 숲이 무성한 시골이었습니다. 스미스 위글스워스가 있으면 늘 그렇듯이 우리의 대화는 하나님의 깊은 것을 중심으로 한 높은 수준의 것들이었습니다.

그러나 갑자기 아주 다른 분위기로 그는 내게 "하킹 형제, 미국 가는 것에 대해 자네는 어떻게 생각하나?" 하고 물었습니다.

"미국 가는 것이 나를 향한 하나님의 뜻이라면 나는 물론 매우 가고 싶습니다. 그렇지만 분명한 하나님의 뜻이 아닌 이상 목사님이 생각하는 것 이상으로 저도 가고 싶지 않습니다." 라고 내가 대답하였습니다.

"그래요. 옳은 말이네요." 라고 그가 말했습니다.

"그렇지만 목사님 같은 사람이 나를 추천해주지 않는 한 미국에 가고 싶어 해도 별로 소용이 없을 것입니다." 라고 나는 계속해서 말했습니다.

"자네는 내 추천이 필요 없네. 내 추천서란 것이 무슨 소용이 있겠나?" 라고 그는 말했습니다.

그 때 그는 자기는 어떻게 미국에 갈 수 있게 되었었는지 아주 재미있는 이야기를 하나 해 주었습니다. "꼭 한 가지 알아야할 것은 하나님의 뜻이네. 주님께서 형제를 그곳으로 부르셨다는 것을 안다면 가게." 라고 그는 말했습니다.

그는 계속해서 말했습니다. "내가 처음 갔을 때, 나는 주님께서 내가 가기를 원한다는 것을 알았지. 주님은 주님이 내게 가기 원하는 캠프 미팅을 내 마음에 두셨었네. 나는 여권을 만들고 표를 사고 내가 떠나 있을 3개월 동안 우리 가족이 충분히 살 수 있도록 준비해 놓았지. 누구든지 자기 가족을 돌보지 않는 사람은 믿음을 부인하는 사람이지. 그런 사람은 불신자 보다 못한 사람이야! 이렇게 마련해 놓은 뒤에 나는 떠났네."

그가 캠프 미팅에 도착했지만 그에게 설교 할 기회가 주어지지 않았습니다. 집회를 주관하는 회장이란 사람은 이렇게 말했습니다. "강사들은 집회가 열리기 몇 달 전에 이미 다 준비가 되었기 때문에 이제는 불가능합니다."

그러나 이 믿음의 사도에게 그런 말은 아무 것도 아니었습니다.

위글스워스는 하나님께서 그를 보내셨으면 하나님께서 그에게 말씀 전할 기회를 주시리라는 것을 알고 있었습니다.

그리고 하나님은 그렇게 하셨습니다!

하나님은 그의 첫 번째 말씀을 축복하셔서 하나님의 구원의 은혜와 치유의 능력을 나타내 보여 주셨습니다.

그 후에 계속 위글스워스가 초청받아서 한 사역들은 기적적인 역사와 간섭으로 가득 찬 이야기가 되었습니다.

그 초창기의 그의 치유의 사역의 방법은 어떤 사람들에게는 매우 거칠게 여겨졌습니다. 그러나 그는 모든 질병을 마귀의 압박으로 보았기 때문에 그의 믿음은 이렇게 표현되었습니다. "여러분은 마귀를 점잖게 다룰 수 없습니다." 그는 질병 뒤에 있는 마귀는 극적으로 다루어야 한다고 느끼고 있었습니다. 그러나 동시에 그의 심령은 아픈 사람들에 대한 동정심으로 가득 차 있었습니다.

사람을 위해 기도한 다음에 그는 "다음은 하나님을 믿는 것입니다."라고 말하곤 했습니다.

치유 기도를 받기 위해 줄을 서 있던 한 사랑스런 여자에게 그는 물었습니다. "무엇이 문제입니까?"

"난 심장에 문제가 있습니다."라고 그녀는 대답했습니다.

"어제 기도 받지 않았습니까?"

"네, 받았습니다."

"그런데 지금은 무엇이 문제입니까?"

"내 심장에 문제가 있습니다."

그녀를 살짝 밀면서 그는 이렇게 말했습니다. "부인, 하나님을 믿고 가십시오. 당신의 심장엔 아무 문제가 없습니다. 당신의 믿음이 문제입니다."

위글스워스는 사람들을 거칠게 다루고 사람들에게 보이기 위해서 일부러 그렇게 한다는 잘못된 생각 때문에 어떤 사람들은 그의 집회에서 앞으로 기도 받으러 나오는 것을 두려워하였습니다. 그럼에도 불구하고 기도 받으러 나온 사람들은 놀랍게 고침을 받았습니다. 오랫동안 많은 사람들이 그들이 위글스워스 형제의 집회에서 기적적으로 병이 나았다고 나에게 간증을 하였습니다.

이런 것과 관련해서, 내가 아는 아주 재미있는 사건이 하나 있었습니다. 두 젊은 목회자가 집회에 참석하는 가운데 식사를 하러 함께 나갔습니다. 두 사람은 모두 위장병으로 고생을 하고 있었기 때문에 그들은 치유기도를 받으러 앞으로 나갔습니다. 줄을 서서 기다리고 있는 데 그들 사이에는 한 여자가 서 있었습니다.

위글스워스는 먼저 젊은 목회자에게 다가가서 흔히 하는 질문을 하였습니다. "형제, 형제는 뭐가 문제입니까?"

"위가 아픕니다."

위글스워스는 "눈을 감으시오."라고 말했습니다. 그리고 나서 그는 "예수 이름으로 명하노니 그에게서 나올지어다."라고 명령하였습니다. 그는 그 남자가 강당의 중간 지점까지 갈 정도로 그의 배를 쳤습니다.

그리고 난 후에 그는 다음에 서 있는 그 여인에게 다가 갔습니다. 놀랍게도 그는 그 여자에게는 아주 단순하고 부드럽게 기도를 하는 것이었습니다.

위글스워스가 자기 친구 목회자를 그렇게 세게 치는 것을 지켜보았던 다른 젊은 목회자에게 가까이 가서 물었습니다.

"형제는 무엇이 문제입니까?"

그 젊은이는 부끄러운 듯이 다 들어가는 목소리로 "두통입니다."라고 말했습니다.

병든 사람에 대한 동정심

스미스 위글스워스는 아픈 사람과 고통당하는 사람들에 대해서 대단한 동정심을 가지고 있었습니다. 그는 아픈 사람을 자기의 마음의 짐으로 여기고 그들을 위해 열심히 기도하곤 했습니다. 날마다 온 세계로부터 기도를 부탁하는 요청이 쇄도하였습니다. 그는 그것들을 자기의 일로 여기고 마음에 두었습니다. 그의 기도에 대한 많은 응답들이 기록으로 보전되었습니다.

내가 십이지장 궤양으로 수 년 동안 고통 받고 있을 때 아무 부탁도 하지 않았는데 위글스워스 형제는 기름을 바른 손수건을 내게 보내 주었습니다. 그는 내가 아픈 것이 마음에 부담이 되었었다고 말하면서 궤양 부분에 손수건을 얹고 하나님을 믿으라고 가르쳐 주었습니다.

예수님의 믿음을 설교하다

위글스워스의 가장 큰 확신 중에 하나는 믿음은 창조적이라는 것이었습니다; '하나님께는 무엇이든지 믿음으로 하신다.' '하나님께는 모든 것이 가능하다.' '믿는 사람들에게는 모든 것이 가능하다.' 는 것이 그의 확신이었습니다.

그가 자주 인용하곤 했던 그가 가장 좋아하던 성경 구절 중에 하나는 마가복음 11장 23절이었습니다.

"내가 진실로 너희에게 이르노니 누구든지 이 산더러 들리어 바다에 던져지라 하며 그 말하는 것이 이루어질 줄 믿고 마음에 의심하지 아니하면 그대로 되리라."

그는 언제나 우리가 기도하는 것이 아니라 말하는 것 즉 "그 말하는 것이"란 부분을 항상 강조하였습니다.

그는 믿음의 중요성을 설교하였을 뿐만 아니라 예수님을 높이고 예수님이 너무나 실제적이며, 현재적이며, 놀라운 분이 되도록 함으로써 믿기 쉽도록 하였습니다.

하나님과 교통함

어디든지 그가 있는 곳에는 그가 거기 있는 것 자체가 하나님께서 가까이 계시며 모든 것이 가능하다고 당신이 느끼도록 하는 영적인 분위기를 만들어 내었습니다. 그것은 스미스 위글스워스가 매일 몇 시간씩 하나님과 교제하는 시간을 가진 결과라는 것을 의심할 여지가 없었습니다.

그는 자신의 사생활 가운데서도 영적인 빛남을 늘 유지하였는데 이것이야말로 그의 큰 비밀이었습니다.

한 번은 큰 집회를 마치고 그가 묵고 있는 집을 방문했을 때 일이 기억납니다. 그가 나를 보고 처음 한 말은 이 말이었습니다. "형제여, 앉게. 편히 쉬게."

그는 이미 큰 안락의자에 앉아서 두 팔과 손을 손잡이에 걸치고 한가롭게 쉬고 있었습니다.

그 방에는 명랑한 성격을 소유하고 늘 유머가 넘쳤던 한 형제가 함께 있었습니다.

몇 분인가 조용한 시간이 흐르자 이 형제가 우리들 대부분이 한 번씩은 푹 빠졌을 가능성이 있는 재미있는 목사에 관한 조크 하나를 했습니다.

  위글스워스는 미소도 없이 잠자코 앉아 있었습니다.

  그 형제가 조크를 마치는 바로 그 순간 스미스 위글스워스는 마치 아무 이야기도 듣지 않은 것처럼 오른손을 높이 쳐들고 눈을 감더니 짧은 기도를 하였는데 즉시 심령이 깨어지는 엄숙한 분위기로 바뀌어 버렸습니다.

  식사가 준비되었을 때 우리는 식탁 의자 뒤에 모두 서 있었습니다. 잠깐 동안 조용한 시간이었습니다. 그러자 위글스워스 형제는 대단한 기름부음으로 기도를 했는데 내가 다른 곳에서는 전혀 경험하지 못한 그런 기도였습니다.

  식사를 마친 후에 그는 하나님의 말씀 한 두 구절을 나누었습니다.

  이것은 변하지 않는 그의 방법이었습니다.

  그가 가장 좋아하는 시편은 시편 4장이었으며 특히 그는 3절을 좋아했습니다.

> **"여호와께서 자기를 위하여 경건한 자를 택하신 줄 너희가 알지어다. 내가 그를 부를 때에 여호와께서 들으시리로다."**

  스미스 위글스워스에게 있어서는 언제든지 경솔함이라든가 경박한 것은 결코 그 냄새도 맡을 수 없었습니다. 유머감각은 물론 있었습니다. 그러나 경박함은 전혀 없었습니다.

  스미스 위글스워스는 하나님의 임재 속에서 살았고 걸었습니다.

그리스도는 그의 생명이었습니다.

하나님은 그의 분복이었습니다.

이것이 바로 주 예수께서 그를 그렇게 눈에 띄게 사용하셨던 이유란 것은 의심의 여지가 없습니다.

누구나 기대할 수 있듯이 그는 노년에 상당히 부드러워 졌다고 나도 생각합니다. 그러나 평생 투박한 겉모양에도 불구하고 스미스 위글스워스는 사랑으로 넘치고, 동정심이 많고, 믿음이 충만하고, 하나님으로 충만한 사람이었습니다.

제 6 장
그는 하나님과 함께 동행하였습니다

 스미스 위글스워스는 팔십 대가 되어서도 매일 아침과 오후에 삼십 분씩 걷는 습관을 유지했습니다. 그는 가까운 곳에 시골 길이 있으면 시골 길을 걷기를 더 좋아했습니다.
 당신이 위글스워스 형제와 함께 시골길이든지 도시에서든지 함께 걷게 된다면 당신은 도중에 여러 번 멈추어 서서 그와 함께 기도할 준비를 해야 합니다.
 삼십분 산책길에서 아마도 여섯 번 정도는 멈추어 서서 당신의 손을 잡은 채로 하늘을 우러러 보며 기도할 것입니다. 그 기도는 몇 마디의 단순한 문장일 것입니다. 그리고 나서는 조금 더 걸을 것입니다.
 에녹과 같이 위글스워스는 하나님과 함께 걷고 하나님과 함께 대화를 했는데 그는 결코 다른 사람에게 그렇게 하는 것에 대하여 허락을 구하지 않았습니다.
 말할 필요도 없이 당신이 그와 함께 산책을 한다면 그의 대화는 언제나 하나님에 관한 것뿐이었습니다. 당신은 도움을 입고, 영감을 얻고, 세움을 받아서, 더 훌륭한 사람이 되어 있을 것입니다.

때로는 나의 일 때문에 매일 오전 오후 위글스워스 형제와 함께 산책하기가 어려운 경우도 있었습니다. 한 번은 우리 교회의 청년들이 내 대신 산책가기를 원했습니다.

내가 이 사실을 그에게 말했을 때 그는 매우 기뻐하였습니다. 그는 언제나 하나님의 일에 대하여 청년들을 도와 줄 수 있는 것을 큰 기쁨으로 여겼습니다.

산책 중에 그가 말했습니다. "자, 젊은이들이 내게 무엇이든지 질문할 것이 있으면 질문하시오."

한 청년이 물었습니다. "제가 위글스워스 목사님께 여쭈겠습니다. 어떻게 하면 큰 믿음을 가질 수 있지요?"

위글스워스가 대답했습니다. "잘 들으시오. 답을 알려 주겠습니다. 먼저는 싹이요, 다음에는 이삭이요, 그 다음에는 충실한 옥수수 열매라. 믿음은 흙과 습기와 실제 적용을 통해서 자라나야 하는 것입니다."

하나님과 영혼들에 대한 불이 붙어있던 그 청년들은 그의 독특한 대답을 결코 잊지 않았을 것입니다.

담대한 증거

스미스 위글스워스에게는 사람을 두려워함이 전혀 없었습니다. 블랙번을 방문하여 집회를 마칠 때가 되었을 때 한 삼십 명 정도의 사람들이 기차 정거장까지 환송을 나왔습니다.

기차가 도착하기까지 15분 정도 시간이 남아있었습니다. 위글스워스는 시간을 조금도 낭비함이 없었습니다. 그는 "자, 대기실로 모두 들어갑시다."라고 말했습니다.

우리가 모두 다 대기실에 들어가서 앉자 그는 찬송과 기도를 인도했습니다. 그리고 나서 우리를 격려해 줌으로써 기차역에서 계획도 하지 않았던 놀라운 예배를 드리고 마쳤습니다.

구경하던 사람들이 몇 명 있었는데 그들은 대단히 깊은 인상을 받은 모습이었습니다.

스미스 위글스워스는 "때가 악하므로 기회를 사라(모든 기회를 철저하게 이용하라)(엡 5:16)."고 말한 바울의 말씀에 철저하게 익숙한 사람이 분명했습니다. 그는 항상 예의가 발랐지만 항상 담대했습니다.

주위 환경을 잊어버림

어떤 상황 아래서든지 스미스 위글스워스는 항상 침착하고 평온함을 유지하는 것이 그의 특징이었습니다. 나는 방금 그의 산책하는 습관에 관하여 언급하였습니다. 내가 로이스턴 교회를 담임 목사로 섬기고 있을 때 나는 메도우 레인의 한 작은 움막집에서 살았습니다. 그 길은 우체부에게 "영광의 길"로 알려진 곳이었습니다. 우리 교회 성도가 27명이나 그 길의 주변에 살았습니다.

위글스워스 형제는 우리 바로 옆집에서 머물렀습니다. 우리 뒷문에서 돌을 던지면 닿을 수 있는 거리에 운하가 있었습니다.

바람이 심하게 부는 날 아침 우리는 함께 늘 하던 대로 산책을 하고 있었습니다. 위글스워스 형제는 나이가 들면서 정확한 보폭으로 천천히 걸었습니다.

길 끝에서 왼쪽으로 방향을 전환하면서 우리는 운하 위를 가로지르는 다리가 시작되는 가파른 길을 걸어 올라가게 되었습니다.

바람은 모든 것을 한 쪽으로 몰아가듯이 심하게 불었습니다. 위글스워스 형제는 항상 흠잡을 수 없을 만큼 완벽한 옷차림을 하고 있었는데 그 날 아침에는 확실히 비싼 값을 지불했을 법한 멋진 새 모자를 쓰고 있었습니다. 우리가 다리 위에 막 도착하자마자 갑자기 돌풍이 불어서 그의 새 모자가 바람에 날려 벗겨져서 운하 속으로 떨어져 버렸습니다.

내가 종종 말했듯이 만일 내 모자가 그렇게 되었더라면 나는 모자를 건지러 운하에 뛰어 들어갔을 것입니다.

위글스워스 형제는 그렇지 않았습니다.

눈썹 하나 까딱하지 않고 그는 조용히 돌아서더니 "하킹 형제, 돌아가는 게 좋을 것 같네. 나는 이런 날씨에 내 머리에 모자를 쓰지 않고 산책을 할 수 없다네."

완전한 평온이었습니다.

스미스 위글스워스는 어떤 것도 그의 평안을 깨뜨릴 수 없는 하나님 안에 있는 어떤 장소를 알고 있었습니다. 그는 바울처럼 "어떤 것도 나를 흔들 수 없다."고 말할 수 있었습니다.

관대한 사람

스미스 위글스워스는 선교 사역에 많이 드렸을 뿐만 아니라 자신이 드려야할 필요를 느끼는 곳에는 어디든지 드렸습니다.

그가 예배를 인도하였을 때 작은 교회에서는 그들이 드릴 수 있는 모든 것을 그에게 주곤 했는데 많은 경우 그는 자기가 받은 것을 다시 돌려주곤 하였습니다.

스미스 위글스워스에 대한 이런 사실들은 거의 알려지지 않았는데 나는 이 사실이 진실임을 알고 있습니다.

한 번은 킹스웨이에서 있었던 집회 때는 비용이 20파운드나 든 경우가 있었습니다(그 당시에 이 정도는 꽤 큰 돈이었습니다). 위글스워스 형제는 자신의 집회 강사료를 전혀 받지 않았을 뿐 아니라 자기 돈을 내어서 그 비용을 충당했습니다.

이런 일이 있었음에도 불구하고, 그에 대하여 얼마 이상의 사례비를 주지 않는 교회에는 가지 않는다는 소문이 퍼져 있었습니다.

그 당시에 내가 무척 자주 가서 말씀을 전하던 북쪽 지방의 한 지역이 있었는데 위글스워스 형제는 거기에 한 번도 초청받은 적이 없었습니다. 그 이유는 바로 사람들이 이런 소문을 듣고 그가 집회에 대한 재정적인 보장을 요구한다는 인상을 받았기 때문이었습니다.

목사들과 함께 머물고 있는 동안 한 경건한 형제가 물어보았습니다. "왜 목사님들은 스미스 위글스워스를 초청하지 않지요?"

"오, 형제, 우리는 위글스워스 형제를 초청할 능력이 없습니다."

"왜 그렇지요?"

그러자 그는 내게 이런 소문에 대해 말했습니다.

나는 이렇게 말했습니다. "형제님, 목사님이 이 지방의 교회들에게 그런 하나님의 종을 오지 못하도록 하는 것은 매우 심각한 문제입니다. 목사님은 많은 사람들에게 큰 축복을 가져다 줄 수 있는 기름부음 받은 사역의 혜택을 목사님이 섬기는 사람들에게서 빼앗고 있는 것입니다. 왜 그렇게 하시지요? 목사님께서 철저하게 조사해 보지도 않고 소문만 듣고 있기 때문입니다. 이 소문들이 전혀 근거가 없다는 것을 나는 알고 있습니다."

내가 이 형제에게 진실을 이야기해주자 그는 매우 미안해했습니다. 거의 즉시 그는 위글스워스 형제를 초대하였고 수 년 동안 닫혔던 사역의 문을 열었습니다.

유머의 사람

나는 위글스워스 형제가 유머 감각이 좋았다고 말했습니다. 예를 들면 한 목사님이 다음의 재미난 얘기를 내게 들려주었습니다.

그의 교회에서 집회를 열고 있는 도중에 많은 사람들과 몇 사람의 목사님들이 강단 위에 앉아 있었다고 합니다. 위글스워스 형제는 그 중에 한 목사님 옆에 앉아 있었습니다.

그 강당의 한 쪽에는 나이 든 소박한 할머니 한 분이 주님의 기쁨이 가득한 모습으로 앉아 있었습니다. 그녀는 계속해서 "글로리 루야"라는 말을 반복했습니다.

위글스워스 형제는 정확히 그녀가 뭐라고 하는지 알지 못했기 때문에 "저 나이 든 자매는 무슨 말을 계속하고 있는 것입니까?"라고 옆에 앉은 목사님에게 물었습니다.

그 목사는 "글로리 루야를 반복해서 말하고 있는데요."라고 대답했습니다.

"내려가서 '글로리아' 든지 '할렐루야' 든지 한 가지만 말하라고 말하십시오."라고 위글스워스 형제가 말했습니다.

위글스워스는 한 동안 자신의 온 마음을 다해 자기가 죽지 않고 살아서 휴거를 보게 될 것이라고 믿었습니다. 그는 벌써 팔십을 훨씬 넘긴 나이 인데도 계속 사는 것에 관해 말했습니다.

이 문제에 관해서 한 친구가 그에게 물었습니다. "위글스워스 형제, 자네가 계속 오래 사는 것에 대해서 말하는 것은 다 좋은데 자네가 무슨 근거로 그런 말을 하는 건가? 성경은 '우리의 연수가 칠십이요 강건하면 팔십이라' 고 말하고 있는데 자네는 벌써 팔십이 넘었잖은가?"

"어디에 그런 말이 있나?" 위글스워스가 물었습니다.

"시편 90편에 있지."

"그런데 자네는 뭐가 불편하단 말인가? 나는 시편 90편에 살고 있지 않네. 나는 시편 91편에 살고 있다네. '내가 장수하게 함으로 그를 만족하게 하며 나의 구원을 그에게 보이리라' 고 말씀하고 있지."라고 위글스워스는 대답했습니다.

이 일이 있던 얼마 후에 우리는 블랙번 교회의 담임 목사인 왓슨 형제와 함께 식사를 하게 되었습니다.

왓슨 형제에게 내가 말했습니다. "위글스워스 형제는 계속 살게 될 것입니다. 그는 시편 91편에 장수하게 함으로 그를 만족하게 하겠다고 말한 그 말씀 속에 살고 있습니다."

"자네 말이 맞아. 그런데 나는 이제 다른 성경 구절도 알고 있지."라고 위글스워스가 말했습니다.

"어떤 말씀인데요?"

"창세기 6장 3절이네. 그들의 날은 백이십 년이 되리라."고 그가 대답했습니다.

익살스럽게 왓슨 형제가 말했습니다. "거기 실수를 하였는데요. 목사님은 이제 얼마나 오래 살지 알게 되었네요. 목사님 자신이 한계를 정하셨습니다."

위글스워스가 대답하였습니다. "글쎄, 나도 120살이 되면 살만큼 살았다고 느껴질 걸세. 그러나 그래도 내가 만족하지 않으면 나는 '내가 장수하게 함으로 그를 만족하게 하며 나의 구원을 그에게 보이리라.' 고 한 시편 91편으로 돌아갈 걸세."

제 7 장
설교자 위글스워스

당신이 스미스 위글스워스의 설교를 들을 수 있는 특권이 없었다면 그의 설교가 어떠했는지 알려면 천국 갈 때까지 기다릴 수밖에 없습니다.

나는 그와 같은 설교자의 설교를 들어 본 적이 없습니다. 나는 오순절 교단이나 다른 교단을 막론하고 위대한 설교자, 유창한 설교자들이 설교하는 것을 들어보았는데 위글스워스는 참으로 독특하고 확실히 구별이 되는 사람이었습니다.

그는 설교 이론을 공부하지는 않았지만 그의 설교는 확실히 역동적이었습니다. 역동적이었다는 말은 그가 큰 소리로 거칠게 말했다는 뜻이 아닙니다. 사실 그가 설교 할 때는 항상 말을 잠깐 멈출 때가 있었고, 경외감과 품위가 있었습니다.

대부분의 그의 문장은 추상적이었고 때로는 단절되기도 하고 때로는 수수께끼 같기도 했고 때로는 심지어 문법적으로 맞지도 않고 대개는 힘이 차고 명쾌했습니다.

예를 들면, 그는 이런 말을 하였습니다. "어떤 사람들은 성경을 히브리말로 읽기를 좋아합니다. 또 어떤 사람들은 그리스 말로 읽기를 좋아합니다. 나는 성령으로 내 성경을 읽기를 더 좋아합니다."

그러나 대부분의 경우 그의 말들은 영감과 계시로 가득했습니다. 듣는 사람들은 세움을 받았고 영감을 얻고 변화되었습니다.

때때로 한 문장이 당신의 삶의 길을 바꾸어 버릴 수 있는 설교 같았습니다. 예를 들자면 이런 말들입니다.

"누구든지 믿음으로 변화될 수 있습니다."라든지 "여러분이 성령 충만함을 받았으면 결코 '나는 할 수 없어'라고 말하지 마십시오."라는 말입니다.

그 비밀은 바로 하나님을 향하여 불이 붙어 있는 사람, 하나님과 가까이 접촉하고 있는 사람의 입술에서 나오는 말이었다는 것입니다.

제 8 장
그의 설교를 기록한 노트

내가 로이스턴 교회를 섬기고 있을 때 위글스워스 형제가 한 주간의 집회를 위해 방문했었습니다. 나는 속기를 할 수 없었지만 그 주에 전한 그의 말씀을 잘 받아 적어 놓았습니다.

이 노트는 그의 말을 간략하게 받아 적은 것입니다. 별로 잘 받아 적지도 못한 것인데도 나는 위글스워스 형제가 이 기록을 받아들고 얼마나 기뻐했는지 잘 기억하고 있습니다. 나중에 더 길게 결정판이 되는 데 요체가 된 그런 문장을 기록해 둔 것입니다.

원문 그대로 나중에 발표되었을 때 내가 서문을 아래와 같이 썼습니다.

"하나님의 종이 우리를 방문하였다는 것이 얼마나 기쁜 일이었는지 모릅니다. 우리는 단 한 주간의 시간 밖에 없었습니다만 하나님의 임재 안에서 우리는 하늘 나라에 있었습니다. 강단에서 주어진 말씀을 통해서 뿐만 아니라 하나님의 종과 개인적으로 대화를 나누고 권면의 말씀을 듣는 것을 통해서 놀라운 향취가 우리에게 내려와 머물렀습니다.

잃어버린 사람들은 그리스도를 발견하였습니다. 병든 사람들은 고침을 받았습니다. 그러나 다른 어떤 것보다도 살아 있는 말씀이 높임을 받았습니다. 예수님은 놀라운 분(Wonderful)이 되셨습니다.

아래 글은 우리에게 주어진 말씀의 핵심입니다. 이 말씀을 읽는 여러분에게 계시와 유익과 성장이 있을 것입니다."

하나님 앞에서의 인간의 위치

요일 5:14-15
14 그를 향하여 우리가 가진 바 담대함이 이것이니 그의 뜻대로 무엇을 구하면 들으심이라
15 우리가 무엇이든지 구하는 바를 들으시는 줄을 안즉 우리가 그에게 구한 그것을 얻은 줄을 또한 아느니라

하나님으로부터 태어난 사람, 순수함으로부터, 믿음으로부터, 생명으로부터, 능력으로부터 태어난 사람의 위치는 얼마나 위대한가!

그의 눈과 귀와 입술을 통해 나온 것은 무엇이든지 믿음으로 말미암아 모든 것을 할 수 있다는 것임을 주의하십시오.

성령으로 충만함을 받은 사람의 거룩하게 구별된 눈에는 엄청난 확신의 능력이 있습니다. 이 확신이 바로 14절에서 말하고 있는 것입니다.

복제의 원리

마 5:3,6
3 심령이 가난한 자는 복이 있나니 천국이 그들의 것임이요
6 의에 주리고 목마른 자는 복이 있나니 그들이 배부를 것임이요

이것은 당신 자신의 자리에 다른 것을 받아들이는 것입니다. 그가 어떠하셨는지 우리도 그래야만 하는 것입니다.

요일 4:17
17 주께서 그러하심과 같이 우리도 이 세상에서 그러하니라

심령이 가난하다는 것은 사람이 스스로 아무것도 할 수 없는 상태에 도달한 것을 말합니다.

당신은 스스로 가난한 가운데 처하지 않고는 결코 나누어 줄 수 있을 만큼 부요하지 않습니다.

당신이 가장 많이 죽었을 때가 당신이 가장 많이 살아 있을 때입니다.

우리가 하나님 안에 삼켜진바 되기를 가장 원할 때, 즉 우리가 가장 조금 알고 있을 때가 가장 많이 알고 있을 때입니다.

당신이 스스로 아무것도 할 수 없는 상태에 있을 때에만 당신은 영감을 줄 수 있습니다. 하나님은 우리에게 닿을 수 있고, 우리를 아래에서 받쳐 줄 수 있고, 우리를 감싸 줄 수 있는 팔을 가지고 계십니다.

의에 주리고 목마르다는 것은 하나님을 가까이 하는 것만큼 세상에 있는 것은 어떤 것도 우리를 매혹시킬 수 없는 때를 말합니다.

예수님은 "만일"이란 것을 제거하셨습니다

마 8:1-4
1 예수께서 산에서 내려오시니 수많은 무리가 따르니라
2 한 나병환자가 나아와 절하며 이르되 주여 원하시면 저를 깨끗하게 하실 수 있나이다 하거늘
3 예수께서 손을 내밀어 그에게 대시며 이르시되 내가 원하노니 깨끗함을 받으라 하시니 즉시 그의 나병이 깨끗하여진지라
4 예수께서 이르시되 삼가 아무에게도 이르지 말고 다만 가서 제사장에게 네 몸을 보이고 모세가 명한 예물을 드려 그들에게 입증하라 하시니라

마 8:20
20 예수께서 이르시되 여우도 굴이 있고 공중의 새도 거처가 있으되 인자는 머리 둘 곳이 없다 하시더라

여기 선함과 무력함, 강함과 궁핍함이 있습니다. 이 문둥병자는 예수님께 나왔을 때 너무나 안타까운 상태였었습니다.

우리 스스로 자신을 도울 수 있을 때 하나님은 우리를 도우실 수 없습니다.

예수... 오, 얼마나 놀라운 이름입니까!

예수님이 오시면 겉모습도 얼마나 변하는지요!

예수님은 이 문둥병자가 자기에게 나올 것을 아셨습니다.

나의 주님은 밤에 아버지와 대화하려고 가셨습니다. 밤에 나눈 대화를 통해서, 다음 날 할 일들이 아버지와 주님 사이에 다 상의되었습니다.

예수님께서 산에서 내려오실 때 그는 영광으로 가득하셨으며 모든 눈들이 그를 쳐다보았습니다. 사람들은 예수님께서 그 영광으로부터 내려오시는 것을 보는 데 관심을 쏟고 있었으므로 사람들도 모르게 문둥병자까지도 군중을 통과하여 주님께 나올 수 있었습니다.

사람들이 그를 보았을 때 그들은 그에게 넉넉한 자리를 내어 주어 그가 예수님 발 가까이 갈 수 있도록 하였습니다.

오늘날 많은 궁핍한 사람처럼 이 문둥병자는 예수님은 할 수 있다는 것을 알고 있었습니다. 그러나 사람들은 예수님이 기꺼이 고쳐 주실 것인지는 의심이 되었습니다. 예수님은 자신의 말씀으로 앞으로 오는 모든 세대에게 까지 "만일"이란 것을 제거하기를 원하셨습니다. 그는 "내가 원한다."고 말씀하셨습니다.

여우도 굴이 있고 공중의 새도 거처가 있으되 인자는 머리 둘 곳이 없었습니다. 그렇게 많은 사랑스런 남편들과 아내들이 있고 예수님을 집에 모시고 싶어 하는 많은 사람들이 있음에도 불구하고 왜 예수님은 아무데도 초청을 받지 못했는지 그 이유를 생각해 본 적이 있습니까?

이것이 가장 간단한 대답이 아닐까요? 그분께서는 너무나 많은 것이 보였겠지요?

그분의 불타는 눈은 모든 것을 보십니다! 그래서 사람들은 예수님을 두려워한 것입니다.

위로부터 온 능력

행 1:2, 4-5, 8
2 그가 택하신 사도들에게 성령으로 명하시고 승천하신 날까지의 일을 기록하였노라
4 사도와 함께 모이사 그들에게 분부하여 이르시되 예루살렘을 떠나지 말고 내게서 들은 바 아버지께서 약속하신 것을 기다리라
5 요한은 물로 세례를 베풀었으나 너희는 몇 날이 못 되어 성령으로 세례를 받으리라 하셨느니라
8 오직 성령이 너희에게 임하시면 너희가 권능을 받고 예루살렘과 온 유대와 사마리아와 땅 끝까지 이르러 내 증인이 되리라 하시니라

막 10:27
27 예수께서 그들을 보시며 이르시되 사람으로는 할 수 없으되 하나님으로는 그렇지 아니하니 하나님으로서는 다 하실 수 있느니라

어떤 것들이든지 현실로 가져오게 하려면 당신은 입으로 많이 말해야만 합니다.

하나님께서는 우리가 큰 믿음을 가지기를 원하십니다.

나의 아내와 나는 아홉 명의 자녀들을 두고 있지만 길에서

누가 울고 있는지 알아내는 것은 문제가 되지 않습니다. 왜냐하면 아내는 우는 아이가 누구인지 알기 때문입니다. 하나님은 먼저 우는 사람에게 오실 것입니다.

하나님의 능력으로 나는 여러분들이 보통사람이 되지 않겠다고 결단하도록 도와주고 싶습니다.

오늘 여러분이 어제와 똑같은 자리에 머물러 있다면 여러분은 타락한(backslider) 것입니다.

이 말씀들 중에서 우리가 잊어서는 안 되는 한 구절은 예수님의 사랑입니다. 예수님은 자신이 하던 일 그대로 그들이 하기를 원하셨습니다.

만일 그들이 부활한 자의 위치에 대해서 알고 있었다면 고기 잡으러 나가지 않았을 것입니다. 그들은 모두 고기를 잡으러 나갔습니다. 하나님께서는 넘어지도록 그냥 두십니다. 하나님께서는 그들 각 사람이 모두 깨어지기 쉬운 물건을 보호하기 위해서 상자 안에 넣는 톱밥과 같은 역할을 하기를 원하셨습니다.

여러분은 땅에서 만들지 않은 옷을 입어야만 합니다. 여러분의 본성 전체가 순전한 의의 옷을 입어야만 합니다.

여러분이 성령으로 세례를 받은 후에 하나님께 능력을 구하는 것은 하나님을 모욕하는 것입니다. 여러분은 능력을 가지고 있습니다. 여러분은 행동해야합니다!

방언과 방언통역: "위로부터 온 능력… 이것은 하나님이 여러분 안에 능력으로 들어가는 하나님이 행하시는 일입니다."

나는 항상 나의 진가를 발휘합니다. 나는 설교할 때는 최고의 설교를 합니다. 기도할 때마다 나는 최고의 기도를 합니다.

예수님께서는 어느 곳에 가시든지 자신의 기적적인 능력을 나타내심으로써 사역을 시작하셨습니다. 그러면 사람들은 그의 말씀을 들으려고 그에게로 밀려들었습니다. 예수님은 첫 열매였습니다.

우리도 첫 열매의 삶 속으로 한 발 들어서야합니다. 하나님께서 기회를 만들어 주십니다. 우리가 그 기회를 잡아야합니다. 우리는 이런 기회가 항상 생기는 삶을 살 수 있습니다.

우리가 불가능한 것을 할 수 있도록 준비가 되어 있지 않은 한 우리는 결코 성숙함 즉 다른 영혼을 태어나도록 하는 일에 도달할 수 없을 것입니다.

하나님께서는 사람에게는 불가능해도 하나님에게는 가능하다고 말씀하셨습니다.

여러분은 하나님 안에 살고 있습니까, 사람 안에 살고 있습니까? 반대에 부딪쳐 있습니까? 아니면 모든 기회를 만났습니까?

믿음의 사람에게는 기회가 아닌 것은 하나도 없습니다.

여러분이 세상에 있는 어떤 것에 관심과 흥미를 갖게 된다면 여러분은 하나님께서 여러분이 소유하기를 원하시는 것을 소유할 수 없습니다.

나는 완전한 오순절의 사람입니다(I am all Penticost).

여러분은 여러분의 마음을 하나님의 말씀에 맞추어야지, 하나님의 말씀을 여러분의 마음에 맞추려고 해서는 안 됩니다.

우리의 유산 - 믿음

히 11:1-10
1 믿음은 바라는 것들의 실상이요 보이지 않는 것들의 증거니
2 선진들이 이로써 증거를 얻었느니라
3 믿음으로 모든 세계가 하나님의 말씀으로 지어진 줄을 우리가 아나니 보이는 것은 나타난 것으로 말미암아 된 것이 아니니라
4 믿음으로 아벨은 가인보다 더 나은 제사를 하나님께 드림으로 의로운 자라 하시는 증거를 얻었으니 하나님이 그 예물에 대하여 증언하심이라 그가 죽었으나 그 믿음으로써 지금도 말하느니라
5 믿음으로 에녹은 죽음을 보지 않고 옮겨졌으니 하나님이 그를 옮기심으로 다시 보이지 아니하였느니라 그는 옮겨지기 전에 하나님을 기쁘시게 하는 자라 하는 증거를 받았느니라
6 믿음이 없이는 하나님을 기쁘시게 하지 못하나니 하나님께 나아가는 자는 반드시 그가 계신 것과 또한 그가 자기를 찾는 자들에게 상 주시는 이심을 믿어야 할지니라
7 믿음으로 노아는 아직 보이지 않는 일에 경고하심을 받아 경외함으로 방주를 준비하여 그 집을 구원하였으니 이로 말미암아 세상을 정죄하고 믿음을 따르는 의의 상속자가 되었느니라
8 믿음으로 아브라함은 부르심을 받았을 때에 순종하여 장래의 유업으로 받을 땅에 나아갈새 갈 바를 알지 못하고 나아갔으며
9 믿음으로 그가 이방의 땅에 있는 것 같이 약속의 땅에 거류하여 동일한 약속을 유업으로 함께 받은 이삭 및 야곱과 더불어 장막에 거하였으니
10 이는 그가 하나님이 계획하시고 지으실 터가 있는 성을 바랐음이라

우리가 받을 준비만 되어 있다면 바로 우리들 가운데 놀라운 것들이 있습니다.

믿음이 없이는 여러분은 아무 것도 가질 수 없습니다. 믿음이 없이는 구원받을 수 없습니다. 믿음이 없이는 병 고침 받을 수 없습니다.

여러분이 갈보리와 영광 사이의 어디에서 멈춘다면 여러분은 너무나 많은 것을 놓친 것입니다. 항상 더 좋은 것을 소유하십시오.

여러분들은 이렇게 말할 것입니다. "어떻게 목사님은 이렇게 믿음과 영감으로 가득하십니까?"

해답은 이것입니다. "믿음에서 믿음으로 가기 때문입니다."

여러분이 믿음의 단순함 즉 믿음의 말씀에 있는 하나님의 계획을 붙잡는다면 여러분은 새로운 세상에 살게 될 것입니다.

믿음을 유산으로 사용하지 않고 믿음에 관하여 말만 하는 경우도 있습니다.

(이에 관해서 그는 너무나 큰 괴로움 속에서 그에게 "나를 도와주실 수 있습니까?"라고 편지를 써 보냈던 한 여자에 관해서 말했습니다. 그녀의 편지는 성경구절과 진리로 가득했습니다. 위글스워스 형제는 그녀에게 편지를 돌려보내면서 그 밑에 이렇게 써 보냈습니다. "당신이 쓴 편지 내용을 믿으십시오." 그녀는 믿었으며 놀랍게 해방되었습니다!)

여러분은 오늘 밤 자신이 믿음 안에 있는지 믿음을 말만 하고 있는지 점검해 보십시오.

성령 세례는 우리 안에 완전한 믿음이란 대단한 인격이 거주하고 계신다는 사실로 우리를 인도해 줍니다.

새로운 탄생은 삶 속에 하나님이 들어오시는 것입니다(God in the life). 하나님의 말씀이 사는 것입니다! 성경만이 줄마다 영원한 능력을 가지고 있는 유일한 책입니다. 다른 것 때문에 이 책을 놓는다면 여러분은 모두 잃어버리게 될 것입니다.

여러분이 믿음의 증거를 원한다면 여러분은 하나님의 말씀이 여러분 속에 거하도록 해야만 합니다.

믿음은 다른 것을 이끌 능력이 전혀 없고 단지 여러분을 이끌 뿐입니다(it carries you).

믿는 사람으로서 여러분이 어떻게 옷을 입는지는 중요하지 않습니다. 여러분이 하나님의 말씀을 옷 주머니에 지니지 않았다면 여러분은 옷을 바로 입고 있는 것이 아닙니다.

여러분은 썩지 않는 씨로 거듭났습니다. 그렇다면 여러분 속에는 세상에 있는 모든 것을 변화시킬 수 있는 말씀이 있습니다. 그러나 여러분이 흔들리면 아무 소용이 없습니다!

하나님으로부터 오는 용기

약 1:6-7
6 오직 믿음으로 구하고 조금도 의심하지 말라 의심하는 자는 마치 바람에 밀려 요동하는 바다 물결 같으니
7 이런 사람은 무엇이든지 주께 얻기를 생각하지 말라

누구든지 나와 6개월만 함께 있으면 그 사람은 새로운 성경

을 소유하게 될 것입니다. 왜냐하면 하나님의 말씀이 항상 증거 할 것이기 때문입니다.

하나님의 자원은 자기 자신의 것을 구하지 않는 사람을 위하여 기다리고 있습니다. 여러분이 깊은 하나님의 임재 안에 산다면 사탄이 그 힘을 나타내려고 할 때 즉시 그것들을 분별하게 될 것입니다.

여러분은 모든 일에서 하나님을 위하여 일해야 합니다. 믿음이란 것은 어떤 조건 속에서도 담대하게 통과하는 용기가 여러분 안에 하나님으로 말미암아 확고하게 서는 것입니다. 여러분이 하나님의 말씀 한절 속에 깊이 잠겨지지 않고는 하나님의 역사하심(order) 속에 들어 갈 수 없습니다.

사람이 원수를 묶기 전에 먼저 자신을 묶고 있는 것이 하나도 없다는 것을 알아야합니다.

믿음으로 행함

막 11:24-25
24 그러므로 내가 너희에게 말하노니 무엇이든지 기도하고 구하는 것은 받은 줄로 믿으라 그리하면 너희에게 그대로 되리라 **25** 서서 기도할 때에 아무에게나 혐의가 있거든 용서하라 그리하여야 하늘에 계신 너희 아버지께서도 너희 허물을 사하여 주시리라 하시니라

정죄 받을 만한 것이 무엇이든지 여러분 심령에 있다면 여러분은 믿음의 기도를 할 수 없습니다.

정결함은 믿음에 치명적으로 중요합니다(Purity is vital to faith).

여러분이 앞에 직면할 수 있는 가장 무력한 상황은 하나님께서 여러분을 사용할 수 있는 기회입니다.

어떻게 믿음을 받을 수 있을까요? 여러분이 이미 가지고 있는 것을 행동으로 옮김으로써 받는 것입니다. 여러분이 가지고 있는 것을 사용하면 여러분의 믿음은 자라게 될 것입니다. 여러분이 행동할 때까지는 여러분의 믿음은 결코 자라지 않습니다.

마귀의 활동을 묶어 두기

눅 4:1-2
1 예수께서 성령의 충만함을 입어 요단강에서 돌아오사 광야에서 사십 일 동안 성령에게 이끌리시며
2 마귀에게 시험을 받으시더라 이 모든 날에 아무 것도 잡수시지 아니하시니 날 수가 다하매 주리신지라

눅 4:8
8 예수께서 대답하여 이르시되 기록된 바 주 너의 하나님께 경배하고 다만 그를 섬기라 하였느니라

눅 4:18-19
18 주의 성령이 내게 임하셨으니 이는 가난한 자에게 복음을 전하게 하시려고 내게 기름을 부으시고 나를 보내사 포로 된 자에게 자유를, 눈 먼 자에게 다시 보게 함을 전파하며 눌린 자를 자유롭게 하고

19 주의 은혜의 해를 전파하게 하려 하심이라

여러분이 하나님의 생명 안에서 자라기 원한다면 어떤 경우에든지 성령님을 거슬리지 않겠다는 결단을 여러분의 마음으로 해야만 합니다.

성령과 불, 즉 이것은 여러분을 쇠퇴하게 하고 파괴하는 어떤 것이든지 태워버립니다.

오, 성령님께 완전히 사로잡히게 되면 여러분은 어떤 선택도 할 수 없습니다. 여러분은 선택권이 있지만 선택하지 않을 것입니다. 하나님께서 여러분을 위하여 선택하셔야만 합니다.

예수님께서 광야에서 마귀에게 시험을 받으실 때 모든 귀신들의 힘과 들짐승들과 광야에 있던 모든 것들이 이 땅에 살았던 가장 아름다운 사람의 모습을 보았습니다.

마귀는 언제나 여러분의 약점을 통해 시험하려고 접근하지만 우리는 담대하게 믿기만 한다면 우리의 강점보다 오히려 약점에서 우리는 더 강하다는 것을 잊어서는 안 됩니다.

나는 이 강단에 올라 올 때 말할 것을 준비해가지고 올라오지 않았습니다. 왜냐하면 나는 하나님께서 내가 말하기를 원하는 것을 아버지와 함께 준비했기 때문입니다.

악한 자의 생각들과 악한 생각들이 있습니다. 영과 육은 결코 하나가 될 수 없습니다. 거룩함과 죄는 결코 서로 만날 수 없습니다. 죄를 미워하는 사람은 항상 능력 안에 있습니다.

예수님은 마귀가 그에게 주겠다고 하는 것보다 항상 더 좋은 것을 가지고 계셨습니다.

세상을 사랑하지 마십시오. 여러분이 그리스도의 마음에서 조금이라도 벗어난 것을 발견하거든 회개하십시오. 여러분이 잘못하여 넘어지면 천사가 일으켜 주지만 여러분이 스스로를 포기하고 던져버린다면 천사도 일으켜 주지 않는다는 것은 분명한 원칙입니다.

우리는 항상 마귀가 활동하지 못하도록 묶어 두어야 합니다.

여러분이 가질 수 있는 가장 좋은 것은 큰 시련입니다. 시련의 시간은 여러분이 "예복을 입는 시간"입니다. 여러분이 유산을 받을 자격을 갖추게 되는 시간입니다.

하나님 안에서 여러분의 위치를 말하십시오, 그러면 여러분은 시련의 때에 여러분이 하나님의 모든 자원으로 둘러싸이게 될 것입니다.

이렇게 외치십시오. "사탄아, 내 뒤로 물러가라." 그러면 여러분은 이 땅 위에서 가장 좋은 시간을 보내게 될 것입니다. 속삭이면 안됩니다.

우리는 담대함(audacity)이 부족해서 장엄함(grandeur)을 놓칩니다. 여러분 안에 계신 분이 세상에 있는 자보다 더 크십니다. 여러분이 하나님의 목소리를 말하면 언제든지 그 분이 여러분을 둘러싸고 있는 어떤 능력보다도 더 크다는 것을 여러분은 발견하게 될 것입니다.

성경을 읽는 것에 관하여: 여러분의 상황에 맞지 않는 성경구절을 읽게 되면 여러분은 이해하지 못합니다. 그런 성경구절은 그러한 상황에 있는 다른 사람에게 전달하십시오. 여러분이 처한 상황에 꼭 맞는 구절을 발견하게 될 것입니다.

여러분의 큰 복을 원한다면 어떤 모임이든지 항상 먼저 기도하십시오. 그게 무슨 의미가 있느냐고요? 그것이 모든 것입니다. 여러분이 기도를 먼저 하면 여러분은 다시 기도할 기회를 가질 수 있을지도 모릅니다.

여러분이 낙심한 사람을 만나거든 낙심하게 된 이유를 알아보고 그 사람이 낙심에서 빠져 나오도록 도와주십시오.

지혜로운 신자들은 항상 공중이 모이는 모임에서는 짧게 기도하고 집에서는 오래 기도합니다.

하나님의 교회가 기도와 간증이 살아 있으면 사람들은 그것을 듣기 위해 먼 길을 마다하지 않고 올 것입니다.

성령 안에서 사는 삶

롬 8:2, 5-8, 12
2 이는 그리스도 예수 안에 있는 생명의 성령의 법이 죄와 사망의 법에서 너를 해방하였음이라
5 육신을 따르는 자는 육신의 일을, 영을 따르는 자는 영의 일을 생각하나니
6 육신의 생각은 사망이요 영의 생각은 생명과 평안이니라
7 육신의 생각은 하나님과 원수가 되나니 이는 하나님의 법에 굴복하지 아니할 뿐 아니라 할 수도 없음이라
8 육신에 있는 자들은 하나님을 기쁘시게 할 수 없느니라
12 그러므로 형제들아 우리가 빚진 자로되 육신에게 져서 육신대로 살 것이 아니니라

모든 집회는 유익할 뿐 아니라 우리가 하나님의 삶 속으로

깊이 들어갈 수 있도록 하는 열린 문입니다. 그러나 놀라운 집회에 참석하면서도 믿음의 행동을 하지 않고 하나님의 뜻에 순종하는 것이 부족하면 하나님의 목적을 놓치게 됩니다.

완전한 평안은 하나님의 선물이지만(사 26:3) 우리 마음이 그 분께 머물도록 하는 것은 우리의 책임입니다. 여러분이 하나님의 말씀에 의지하여 행동한다는 생각을 항상 하십시오. 여러분은 느낌이나 여러분이 보는 것이나 어떤 다른 것도 의지할 수 없습니다. 자연적인 것은 어떤 것이든지 신뢰하지 마십시오.

로마서 8장은 위대한 하나님의 진리의 최고봉입니다. 여러분이 이 장의 내용 속으로 들어가기만 한다면 여러분은 결코 죄를 짓지 않으며 마귀에게 지지 않게 될 것입니다.

여러분 안에 계신 그리스도(골 1:27): 세상에 있는 어떤 것보다도 더 큰 능력이 여러분 안에 있습니다(요일 4:4).

여러분은 여러분의 몸 전체가 순결함을 유지할 수 있는 위치를 확고하게 주장하고 있어야 합니다. 여러분 안에 계신 그리스도가 어떤 육적인 능력보다 더 큽니다. 여러분은 여러분의 목소리를 사용하여서 육신적인 것들을 꾸짖을 권리가 있습니다.

그리스도께서 마리아 속에서 만들어졌던 것과 똑같이 우리 안에서도 그렇습니다. 이 씨는 하나님의 아들들이 나타나도록 열매를 맺어야만 합니다.

여러분의 생명 속에는 또 하나의 생명이 있고, 여러분의 마음속에는 여러분의 죽을 몸 안에서 다스리는 하나님의 법이 있습니다.

여러분은 시험을 받고 유혹을 받기 때문에 결코 포기해서는 안됩니다. 왜냐하면 하나님께서는 자기 자녀들을 훈련하시기 때문입니다. 하나님께서 우리를 징계하지 않으신다면 그것은 우리가 부모 없는 자식이거나 아들이 아니라는 징표일 것입니다. 그러나 하나님은 여러분을 징계하셔서 여러분이 하나님의 거룩함에 참여하도록 하십니다.

하나님은 우리가 어디에서부터 나와서 때가 되었을 때 어디로 들어가게 되었는지 알 수 있도록 계시의 영으로 우리를 옷 입혀 주셨습니다. 하늘 아래 사람의 몸을 가지셨던 예수님의 겸손 외에 무엇이 있습니까?

나는 여러분이 거룩함과 순결함에 대해 더욱 큰 굶주림을 갖기를 바랍니다. 여러분이 주님과 사랑의 자리에 있는 것을 여러분이 바라보는 순간 하늘나라가 열리게 됩니다.

지금까지 내 삶에 어떤 일이 일어났든지 그런 것은 전혀 중요하지 않습니다. 중요한 것은 지금 하나님이 내게 누구인가 입니다.

우리는 몸의 행실을 무력하게 할 수 있는 능력이 있고, 그렇게 함으로 우리는 성령 안에서 사는 삶을 시작합니다. 양보된 의지로 인한 사랑스런 예수님을 중심으로 모든 영광이 있는 것입니다.

마귀를 다스리시는 주님

빌 2:9-11
9 이러므로 하나님이 그를 지극히 높여 모든 이름 위에 뛰어난 이름을 주사

10 하늘에 있는 자들과 땅에 있는 자들과 땅 아래에 있는 자들로 모든 무릎을 예수의 이름에 꿇게 하시고
11 모든 입으로 예수 그리스도를 주라 시인하여 하나님 아버지께 영광을 돌리게 하셨느니라

여러분이 거룩해 지기를 갈망하고, 순결해 지기를 갈망하는 이런 하나님의 계획에 자신을 전심으로 기꺼이 드린다면 여러분을 죄와 사망의 법으로부터 자유롭게 하는 생명의 성령의 법이 여러분 속에서 역사하게 됩니다(롬 8:2).

일이 잘 안되고 있을 때는 사탄이 역사하고 있는 것입니다.

나의 해결책은 무엇일까요?

죄, 사망, 질병, 무엇이든지 그것들을 꾸짖는 것입니다. 나는 성령 안에서 기도할 수 있고 이런 기도는 원수의 어떤 요새도 무너뜨리는 효과가 있습니다.

하나님의 성품에 참여함

벧후 1:1-11
1 예수 그리스도의 종이며 사도인 시몬 베드로는 우리 하나님과 구주 예수 그리스도의 의를 힘입어 동일하게 보배로운 믿음을 우리와 함께 받은 자들에게 편지하노니
2 하나님과 우리 주 예수를 앎으로 은혜와 평강이 너희에게 더욱 많을지어다
3 그의 신기한 능력으로 생명과 경건에 속한 모든 것을 우리에게 주셨으니 이는 자기의 영광과 덕으로써 우리를 부르신 이를 앎으로 말미암음이라

4 이로써 그 보배롭고 지극히 큰 약속을 우리에게 주사 이 약속으로 말미암아 너희가 정욕 때문에 세상에서 썩어질 것을 피하여 신성한 성품에 참여하는 자가 되게 하려 하셨느니라
5 그러므로 너희가 더욱 힘써 너희 믿음에 덕을, 덕에 지식을,
6 지식에 절제를, 절제에 인내를, 인내에 경건을,
7 경건에 형제 우애를, 형제 우애에 사랑을 더하라
8 이런 것이 너희에게 있어 흡족한즉 너희로 우리 주 예수 그리스도를 알기에 게으르지 않고 열매 없는 자가 되지 않게 하려니와
9 이런 것이 없는 자는 맹인이라 멀리 보지 못하고 그의 옛 죄가 깨끗하게 된 것을 잊었느니라
10 그러므로 형제들아 더욱 힘써 너희 부르심과 택하심을 굳게 하라 너희가 이것을 행한즉 언제든지 실족하지 아니하리라
11 이같이 하면 우리 주 곧 구주 예수 그리스도의 영원한 나라에 들어감을 넉넉히 너희에게 주시리라

사람의 본성으로부터는 거룩한 생각이 나오지 않습니다.
여러분을 향한 하나님의 생각은 모든 면에서 과거를 잊어버리는 것입니다. 왜냐하면 미래는 놀랍도록 좋은 것이기 때문입니다. 오, 하나님의 말씀은 놀랍습니다! 이 말씀이 나를 어떻게 먹어 버렸는지 나에게는 하나님의 말씀 밖에는 아무데도 갈 곳이 없습니다.

동일하게 보배로운 믿음.
하나님의 의.

생명과 경건에 속한 모든 것을 우리에게 주신 하나님의 능력.
지극히 보배롭고 큰 약속들.
우리는 세상에서 썩어질 것으로부터 피하여 나왔습니다.
더욱 힘써 부지런함을 믿음에 더하십시오.
하나님 나라에 들어가도록...

이것이 우리 안에 있는 하나님의 생명입니다. 즉 하나님의 성품에 참여한다는 말이 뜻하는 것입니다.

우리 안에서 행하시는 하나님의 일

요 3:7
7 내가 네게 거듭나야 하겠다 하는 말을 놀랍게 여기지 말라

엡 2:1
1 그는 허물과 죄로 죽었던 너희를 살리셨도다

벧전 1:23
23 너희가 거듭난 것은 썩어질 씨로 된 것이 아니요 썩지 아니할 씨로 된 것이니 살아 있고 항상 있는 하나님의 말씀으로 되었느니라

거듭 나는 것... 살아나는 것... 썩지 않는 씨에서 태어나는 것... 하나님 자신의 본성.
하나님의 말씀은 이 거듭난 생명이 먹어야 하는 살아있는 양식입니다.

여러분은 하나님의 성품을 가지고 있지만 여러분은 오직 스스로 모험적으로 체험을 할 때만 이 놀라운 능력을 알 수 있게 될 것입니다. 여러분은 언제든지 어디든지 나와 함께 있을 수 없습니다. 그러나 나는 하나님을 좇아 언제든지 어디든지 하나님과 함께 할 수 있습니다.

역경에서 실패한다면 여러분의 힘은 약한 것입니다.

모든 것은 믿음을 통하여 피곤함은 쉼으로, 약함은 강함으로 바꾸어야합니다.

여러분이 이 하나님의 성품이나 의를 잃게 된다면 여러분은 패할 수밖에 없습니다. 여러분이 특별한 사람이라고 해서 이것이 여러분의 것이 되는 것이 아닙니다. 오직 여러분이 자신을 내어 드리고 순종할 때만 여러분 것이 되는 것입니다.

마음이 청결한 자는 복이 있나니 그들이 하나님을 볼 것임이요(마 5:8).

하나님은 대단한 분이시기 때문에 약한 데서 자신을 나타내실 수 있습니다. 유일한 장애는 바로 우리가 자신의 힘으로 하나님의 나타나심을 방해하는 것입니다.

육신과 영의 교환

롬 4:1
그런즉 육신으로 우리 조상인 아브라함이 무엇을 얻었다 하리요

하나님은 아브라함의 육신을 위해 무엇을 가지고 계셨습니

까? 아브라함은 죽은 것과 같았고 사라도 마찬가지였습니다.
 하나님은 그들의 육신을 위해 무엇을 가지고 계셨습니까?
 모든 것을 가지고 계셨습니다! 우리는 너무나 자연적입니다만 하나님은 그 육신을 위해 모든 것을 다 가지고 계셨습니다.
 하나님께서 가지신 것이 무엇이었습니까?
 그 대답은 살리는 것 즉 이삭, 부활입니다.
 나는 강단에서 무엇을 말해야할지를 구하지 않습니다. 왜냐하면 성령이 오시면 우리는 예언적이 되어야 하기 때문입니다. 나는 성령의 능력에 완전히 삼켜지는 것을 믿습니다. 성령 안에서 행함으로써 나는 담대한 계획안에 있습니다.
 이 모임은 세상이 시작되기도 전에 준비되었던 것이며 우리는 하나님의 계획 안에 있습니다.
 우리의 인생을 향한 하나님의 계획은 여러분이 그의 능력에 사로잡혀서 여러분이 자연인으로서는 전혀 하지 못하던 것을 여러분을 통하여 역사하시는 성령의 능력으로 말미암아 행하는 것입니다.
 여기 있는 모든 구원 받은 사람들은 그들이 알고 있는 것보다 백만 배나 더 많은 것을 소유하고 있습니다. 믿기만 하면 모든 것이 가능합니다. 이것이 전부입니다.
 여러분이 믿는 그 순간 여러분이 믿음으로 행하기 때문에 은혜가 갑절로 증가된다는 것을 나는 인정합니다. 평안을 원하십니까? 하나님의 계획은 평안을 갑절로 증가시켜 주는 것입니다: "은혜와 평강이 너희에게 더욱 많을지어다(벧전 1:2)"라고 했습니다.

어떤 것에 의해서도 방해받지 않는 강 같은 평화가 바로 여러분의 유산입니다. 천만 파운드의 돈이 있다 해도 살 수 없는 것입니다. 이 평안은 깨어지고 상한 심령, 즉 하나님께 대하여 속으로 아멘을 말하고 어떤 일이 있어도 그 아멘을 포기하지 않는 심령에게 찾아오는 것입니다.

나는 오늘 밤부터 여러분이 결코 다시 생각해보거나, 뒤돌아보거나, 옛날 행동을 하지 않기로 주님께 약속을 하기를 바랍니다!

하나님으로 충만함

고전 1:30
30 너희는 하나님으로부터 나서 그리스도 예수 안에 있고 예수는 하나님으로부터 나와서 우리에게 지혜와 의로움과 거룩함과 구원함이 되셨으니

모든 신자는 네 가지를 소유하고 있습니다. 지혜와 의로움과 거룩함과 구원함입니다.

주님에 대한 경외감을 가지면 가질수록 우리는 더 많은 지혜를 가지게 됩니다. 사람이 하나님의 뜻을 떠나게 되면 그는 바보가 되기 시작합니다.

모든 하나님의 자녀는 성령을 받으면 이미 자신의 본성 안에 있는 새로운 탄생의 위대함에 대한 계시를 가지게 되는데, 바로 여러분 안에 있는 그리스도입니다.

성령 세례를 통하여 거듭난 사람은 왕관을 쓰게 되는데 위

엄으로 왕관을 쓰게 됩니다.

여러분은 주님을 기쁘시게 하는 것 이외에 어떤 것도 사거나 팔거나 입을 수 없게 됩니다. 예수님은 여러분의 소원과 바라는 것의 주인이 되십니다. 여러분은 하나님이 사랑하는 것을 사랑하고 하나님이 싫어하는 것을 싫어하게 됩니다.

모든 은사들은 우리 안에서 역사해야 합니다만 우리는 오직 성령의 감동을 따라서만 사용하도록 조심해야 합니다(고전 12:1). 변경될 수 없는 하나님의 말씀은 여러분이 가장 좋은 은사를 사모하라고 말하고 있습니다. 하나님께서는 자기의 사람들이 성령의 활동으로 불타오르기를 원하십니다.

아홉 개의 은사가 있으며, 아홉 개의 열매가 있고, 아홉 개의 복이 있습니다. 이것이 하나님의 백성들이 입는 아름다운 옷입니다

몸이 성령의 전이라는 것은 매우 미묘한 것입니다. 성령 세례를 통하여 성령님께서 친히 내 안에 살고 계신다는 것을 하나님의 말씀으로 계시해 주셔서 나는 너무나 기쁩니다. 성령님은 나에게 주 예수님에 관하여 조명하여 줄 더 많은 능력을 가지고 계십니다. 성령을 받을 때 우리는 은사를 받은 것이 아니라 은사들을 주시는 분을 모셔들인 것입니다.

성령께서 그 은사를 가져오는 능력을 나타내지 않으면 나는 은사를 사용하지 않습니다. 만일 하나님의 사람들이 서로 돕도록 되어 있다는 것을 믿기만 한다면 그들은 단 일 분도 사람을 이용하려고 하지 않을 것입니다. 그들은 매 순간 하나님을 사모할 것입니다.

언제 예언이 오염될까요? 예언이 끝난 뒤에도 당신이 계속 말을 할 때입니다.

언제 기도를 망치는 것일까요? 성령으로 시작한 기도를 마친 다음에도 계속 육신으로 기도 할 때입니다.

언제 설교를 망치게 될까요? 설교를 마친 뒤에도 계속할 때입니다.

믿음은 하나님께서는 자기 자신의 말씀을 깨뜨릴 수 없다는 사실을 즐거워하는 담대함입니다.

믿음은 동요하는 것이 아닙니다. 믿음은 하나님께서 말씀하신 것은 그대로 하신다는 조용한 확신이며 그대로 하나님의 말씀을 따라 행동하는 것입니다.

영분별에 대한 말 한 마디: 자신이 가지고 있다고 생각하는 분별력을 사용하기만 한다면 여러분은 자신이 얼마나 이기적인지 여러분이 아무리 오래 살아도 행동으로 옮기지 않는 무능력에 대해서 대단히 많은 계시를 받게 될 것입니다.

여러분 자신의 영을 잘 보호하고 지키십시오. 성도들이 모인 곳에서 여러분이 일 년 동안 얻은 것보다 더 많은 것을 여러분은 십 분 안에 잃어버릴 수도 있습니다.

항상 부드러움을 유지하고 서로 사랑하십시오.

여러분 안에 어떤 악한 것이 있으면 여러분은 악한 능력을 묶을 수 없습니다. 여러분 안에 있는 이런 모든 것들을 쫓아내 버리지 않으면 여러분은 악을 쫓아낼 수 없습니다.

여러분 자신이 변덕스럽다면 다른 사람 안에 있는 변덕스러움을 묶을 수 없습니다.

나는 항상 내가 아무 것도 아닌 존재가 되지 않고는 하나님을 위하여 나는 아무 것도 할 수 없다는 것을 알고 있습니다. 내 자신의 삶에서 사망의 원리가 역사하고 있을 때에만 나는 다른 사람을 도와줄 수 있습니다. 그런즉 사망은 우리 안에서 역사하고 생명은 너희 안에서 역사하느니라(고후 4:12).

악한 영을 결코 두 번 쫓아내지 마십시오. 한 번 이상 쫓으면 마귀는 여러분을 비웃을 것입니다. 마귀는 여러분이 아무 힘도 없다는 것을 알게 될 것입니다.

여러분은 이렇게 말하십시오. "예수 이름으로 이 몸에서 떠날 것을 내가 네게 명령한다."

그 후에 여러분은 하나님께 감사하십시오.

그러나 영에게 두 번 명령하지는 마십시오.

우리는 예수의 이름이 없이는 아무 것도 할 수 없습니다. 우리의 거룩함으로 할 수 없습니다. 그러나 우리를 통하여 흘러나가는 그리스도의 의와 하나님의 능력은 전능함이 역사하게 하고 그렇게 되면 모든 일이 가능하게 됩니다.

후기

오순절 사랑의 불로 불이 켜졌던,
불타오른 삶, 하나님으로 불붙었던 삶.
위로부터 온 하나님의 사랑으로 불이 켜졌던,
영혼 사랑에 불이 붙었던 불타오른 삶.

가장 복되신 주여, 각 사람을 불로 침례를 주소서.
오, 우리를 모두 당신 안에서 타오르게 하여 주소서.
오, 불의 하나님, 우리 가슴에 불을 댕겨 주셔서,
온 세상으로 당신의 위대한 구원을 보게 하여 주소서.

 나는 이 시가 우리가 함께 생각해 보았던 한 사람의 삶을 적절하게 요약했다고 느낍니다. 스미스 위글스워스의 삶은 하나님으로 불이 붙었던 불타는 삶이었습니다.
 스미스 위글스워스의 헌신에는 잠깐 동안의 멈춤도 없었습니다. 그의 불은 제단에서 항상 타오르는 불이었습니다. "불은 끊임이 없이 제단 위에 피워 꺼지지 않게 할지니라."(레 6:13)
 그 불은 오순절의 불이었습니다.
 스미스 위글스에게는 타협이란 것은 없었습니다. 그는 돌아

갈 수 있는 다리를 다 태워버렸습니다.

뿐만 아니라 어떤 사람이든지 그와 어떤 일로 관계되든지 심지어 그와 말 한 마디만 나누어도 그 사람은 검사를 받는 것 같이 느끼곤 했습니다.

그는 히브리서 4장 12,13절에 있는 말씀이 살아서 몸을 지닌 사람이었습니다.

> 하나님의 말씀은 살아 있고 활력이 있어 좌우에 날선 어떤 검보다도 예리하여 혼과 영과 및 관절과 골수를 찔러 쪼개기까지 하며 또 마음의 생각과 뜻을 판단하나니
> 지으신 것이 하나도 그 앞에 나타나지 않음이 없고 우리의 결산을 받으실 이의 눈앞에 만물이 벌거벗은 것 같이 드러나느니라

스미스 위글스워스는 영혼에 대한 사랑으로 불이 붙어 있었으며 하나님은 많은 사람을 구원하는데 그를 사용하셨습니다. 그의 영혼이 하나님의 사랑으로 불이 댕겨져 있었다는 것은 의심할 여지가 없습니다.

그를 잘 관찰한 사람들에게는 저 이방인에 대한 위대한 사도와 같이 스미스 위글스워스도 "모든 겸손과 눈물로 주님을 섬겼다"고 말하는 것은 조금도 과장이 아닙니다(행 30:19).

스미스 위글스워스는 주님을 섬기다가 강단에서 죽었습니다.

두 주 후에 나는 그가 죽은 바로 그 강단에 서게 되었습니다. 그 자리에 있던 장로인 히버트 형제는 이렇게 묘사했습니다.

후기

"그는 거기 서 있었습니다. 그는 등을 난로 쪽으로 돌리고 서서 손을 불에 쬐고 있었습니다. 아주 추운 겨울 날씨였습니다.

그는 내게 이렇게 물었습니다. '히버트 형제, 내가 몇 달 전에 기도해 주었던 자네 딸은 잘 있는가?'

내가 막 대답을 하려고 하는데 그는 가버렸습니다. 주님이 계신 곳으로 가버렸습니다."

역자에 관하여

김진호 목사는 충북 제천 출신으로 육군사관학교(31기)를 졸업한 후 미국에 유학, 위스컨신 주립대학 경영대학원(경영정보석사) 및 필립스 신학대학원(M. Div.)을 졸업했다. 1989년 10월 가락동에서 예닮교회를 개척, 섬기던 중 2000년 5월 레마 성경 훈련소에서 1년간 수학한 후, 현재 분당 예닮교회를 담임하고 있다.

저서로는 「새롭고 풍성한 삶」「나의 사랑 나의 교회여」, 번역서로는 「믿는 자의 권세」「당신이 알아야 하는 신유에 관한 일곱 가지 원리」「기도의 기술」「인간의 세 가지 본성」「믿음의 계단」「어떻게 하나님의 영으로 인도받을 수 있는가?」「마이더스 터치」「성령의 삶 능력의 삶」「당신을 향한 하나님의 계획」「하나님 가족의 특권」「나는 환상을 믿습니다」「믿음의 말씀 고백 기도집」「하나님의 계획과 목적과 추구」「병을 고치는 하나님의 말씀」「역사하는 기도」「영적 성장」「치유의 기름부음」「크게 성장하는 믿음」「신선한 기름부음」「두 가지 의」「행동하는 신자들」「스미스 위글스워스: 하나님과 함께 동행했던 사람」「사랑: 승리하는 길」「스미스 위글스워스: 하나님의 능력으로 불타오른 삶」「승리하는 믿음」, 소책자 「새로운 탄생」 외 여러가지가 있다.

믿음의 말씀사 출판물 소개

홈페이지 : www.jesuslike.org

케네스 해긴의 「믿음 도서관」(Faith Library) 책들

믿는 자의 권세 (The Believer's Authority)
케네스 해긴 지음 · 김진호 옮김 / 국판 112 p / 값 5,000원
이 책은 그리스도 안에서 모든 믿는 자에게 합법적으로 부여된 권세에 대한 탁월한 통찰을 주고 있는 해긴 목사님의 책 중에서 가장 많이 읽혀진 책입니다.

당신이 알아야 하는 신유에 관한 일곱 가지 원리
(Seven Things Should Know about Divine Healing)
케네스 해긴 지음 · 김진호 옮김 / 국판 112 p / 값 5,000원
신유에 관한 성경의 진리를 가르치고 있는 책으로 병든 자에게는 치유를, 건강한 자에게는 건강을 보장해 주는 하나님의 약이 될 것입니다.

기도의 기술 (The Art of Prayer)
케네스 해긴 지음 · 김진호 옮김 / 국판 192 p / 값 7,000원
경건의 모양은 있으나 하나님의 능력이 없는 종교인을 닮아가는 그리스도인에게 정확한 말씀을 통해 실제로 응답받는 기도의 기술을 가르쳐 주는 책입니다.

인간의 세 가지 본성 (The Threefold Nature of Man)
케네스 해긴 지음 · 김진호 옮김 / 국판 80 p / 값 3,500원
바울은 분명히 인간을 영, 혼, 육을 가진 존재로 말하고 있습니다. "나는 영이며, 혼을 가지고 있고, 몸 안에 살고 있다"는 기본 진리를 알아야 영적 성장과 진보가 있습니다.

어떻게 하나님의 영으로 인도받을 수 있는가?
(How You Can Be Led by the Spirit of God)
케네스 해긴 지음 · 김진호 옮김 / 국판 192 p / 값 7,000원
하나님을 알고 그 분의 성품을 닮을 뿐 아니라 예수님처럼 아버지의 온전한 뜻을 좇아서 승리의 삶을 살 수 있도록 도움을 줍니다.

믿음의 계단 (New Thresholds of Faith)
케네스 해긴 지음 · 김진호 옮김 / 국판 240 p / 값 8,500원
믿음에 관한 성경의 가르침을 자신의 삶에 적용하여 풍성한 간증과 함께 가르치므로 누구나 이해하기가 쉽고 읽으면 믿음이 생기고 믿음으로 살고 싶은 거룩한 욕망과 용기가 생깁니다.

마이더스 터치 (The MIDAS TOUCH)
케네스 해긴 지음 · 김진호 옮김 / 신국판 192 p / 값 8,000원
이 책을 통해 성경적 부요함의 축복을 누리는 많은 그리스도인들이 나타나서 한국 교회가 세계 선교에 쓰임 받는데 한 몫을 하는 예수 선교 재벌의 탄생을 기대합니다.

당신을 향한 하나님의 계획 (Following God's Plan For Your Life)
케네스 해긴 지음 · 김진호 옮김 / 국판 240 p / 값 8,500원
당신만을 위한 하나님의 완전한 계획이 있다는 사실을 믿으십시오. 어떻게 그 길을 인도받을 수 있는지 가르쳐주는 실제적인 지침서가 여기 있습니다.

하나님 가족의 특권 (Welcome to God's Family)
케네스 해긴 지음 · 김진호 옮김 / 국판 176 p / 값 6,500원
어떤 목사님은 자신의 교회로 온 수평 이동 신자의 60%가 구원의 확신이 없는 명목상 그리스도인이었다고 말했습니다. 해긴 목사님의 '새 신자'에게 가르친 말씀을 보십시오. 영적 거장의 답이 있습니다.

나는 환상을 믿습니다 (I Believe in VISION)
케네스 해긴 지음 · 김진호 옮김 / 국판 192 p / 값 7,000원
환상과 계시의 경험을 말하면서도 저자가 하나님께 대한 절대적 신뢰와 기록된 말씀에 대한 확신을 가진 것을 배울 수 있습니다. 저자의 다른 책들을 읽는데 큰 도움이 될 것입니다.

하나님의 계획과 목적과 추구 (PLANS PURPOSES PURSUITS)
케네스 해긴 지음 · 김진호 옮김 / 국판 208 p / 값 8,000원
다가오는 하나님의 거대한 영적 기름부음을 위해서는 인간의 계획과 목적과 추구하는 바를 내려놓고 하나님을 향한 진정한 예배를 추구해야 합니다.

역사하는 기도 (Steps to Answered Prayer)
케네스 해긴 지음 · 김진호 옮김 / 국판 256 p / 값 9,000원
만일 당신의 기도가 응답받지 못하고 있다면, 희망을 잃지 마십시오. 하나님께서는 당신의 기도를 들으시고 응답하십니다. 역동적인 26개의 가르침으로 된 이 안내서를 통해 기도의 응답을 누리십시오!

병을 고치는 하나님의 말씀 (Healing Scriptures)
케네스 해긴 지음 · 김진호 옮김 / 국판 184 p / 값 7,000원
해긴 목사님은 이 책을 통해 어떻게 하나님의 처방약-하나님의 말씀-을 복용해서 그것이 당신의 모든 육체에 치유와 생명이 되게 하는지 명확하게 지도해줍니다!

영적 성장 (Growing Up, Spiritually)
케네스 해긴 지음 · 김진호 옮김 / 국판 176 p / 값 7,000원
성도와 교회가 가장 힘써야 할 일은 영적 성장입니다. 이 책은 당신이 영적으로 어느 단계에 있는지 분별하는데 도움을 주며, 지금보다 더 높은 영적 수준으로 자랄 수 있도록 도와 줄 것입니다.

치유의 기름부음 (The Healing Anointing)
케네스 해긴 지음 · 김진호 옮김 / 국판 320 p / 값 10,000원
이 책은 자연적인 전기의 힘과 초자연적인 하나님의 능력의 유사성에 관해 설명하고 있습니다. 하나님의 치유의 능력과 협력하는 법을 배우십시오. 그리고 당신에게 속한 것을 받으십시오!

크게 성장하는 믿음 (Exceedingly Growing Faith)
케네스 해긴 지음 · 김진호 옮김 / 국판 144p / 값 6,000원
믿음으로 살고자 하는 모든 신자들에게 유용한 책입니다. 해긴 목사님은 이렇게 말합니다. "믿음이 자람에 따라, 사탄의 지배는 약해집니다. 위협적인 환경이 힘을 잃고, 두려움은 스러져버립니다."

신선한 기름부음 (A Fresh Anointing)
케네스 해긴 지음 · 김진호 옮김 / 국판 160p / 값 7,000원
이 책은 믿는 자들이 어떻게 하나님의 말씀 안에 이미 예비하신 축복 안으로 들어가서 매일 그들의 삶 속에서 신선한 기름부음을 받을 수 있는 지에 대하여 말하고 있습니다.

사랑: 승리하는 길 (Love: The Way To Victory)
케네스 해긴 지음 · 김진호 옮김 / 국판 376p / 값 12,000원
해긴 목사님은 왜 하나님의 사랑이 우리의 삶에 그렇게 중요한지 보여주고 있습니다. 인생의 많은 문제의 해답은 "하나님의 사랑은 절대 실패하지 않는다."고 말한 이 한 문장에서 찾을 수 있습니다.

그리스도 안에서 (In Him)
케네스 해긴 지음 · 김진호 옮김 / 문고판 48 p / 값 1,000원
예수 그리스도의 죽음, 장사되심, 부활을 통하여 그리스도인의 새로운 신분과 권세와 기업을 깨닫게 해 주셨습니다. 그리스도 안에 있는 그리스도인의 축복을 계시받고 누리십시오.

새로운 탄생 (The New Birth)
케네스 해긴 지음 · 김진호 옮김 / 문고판 48 p / 값 1,000원
성경이 말하는 새로운 탄생의 의미와 새로운 피조물의 실체를 소개한 책으로 새신자에게 구원의 확신뿐 아니라 구원받은 자의 영적 상태를 설명해 주는 책입니다.

방언기도의 능력을 풀어 놓으라 (Why Tongues?)
케네스 해긴 지음 · 김진호 옮김 / 문고판 64 p / 값 1,200원
방언을 받기 위해 노력하는 성도와 이 중요한 선물을 자기 것인 줄도 모르고 받지 못하는 많은 구원받은 성도들에게 계시의 눈을 열어 주게 될 것입니다.

재정 분야의 순종 (Obedience in Finances)
케네스 해긴 지음 · 김진호 옮김 / 문고판 48 p / 값 1,000원
재물과 하나님을 겸하여 섬길 수 없습니다! 이 책은 바로 순종하는 삶, 성령 인도 받는 삶, 하나님의 능력의 도구로 쓰임 받는 비밀을 가르쳐 주고 있습니다.

말 (Words)
케네스 해긴 지음 · 김진호 옮김 / 문고판 48 p / 값 1,000원
우리의 말은 하나님의 창조 원리와 창조 능력을 간직한 복음 즉, 믿음의 말씀을 말함으로 믿는 자에게 능치 못함이 없다고 하신 하나님의 능력을 풀어 놓는 믿음을 활성화합니다.

나는 지옥에 갔다 왔습니다 (I Went to Hell)
케네스 해긴 지음 · 김진호 옮김 / 문고판 48 p / 값 1,000원
"천국과 지옥"의 실재와 하나님의 거룩하심과 성도의 구별된 삶, 안 믿는 자들에게 회개를 촉구하는 말씀을 통하여 지옥의 실재를 깨우치고 하나님이 주시는 풍성한 삶을 살게 합니다.

하나님의 처방약 (God's Medicine)
케네스 해긴 지음 · 김진호 옮김 / 문고판 48 p / 값 1,000원
말씀이 심령 가운데 가득 차서 입술을 통해 "믿음의 말씀"으로 선포되고 고백되고 사용될 때 드디어 하나님의 자녀의 권세를 실제로 행사하는 능력 있는 그리스도인으로서 살게 됩니다.

더 좋은 언약 (A Better Covenant)
케네스 해긴 지음 · 김진호 옮김 / 문고판 48 p / 값 1,000원
율법적으로 신앙생활을 하거나 율법적인 설교와 신앙생활에 눌려 사는 수 많은 한국의 그리스도인들에게 크나 큰 자유를 주는 진리를 발견하도록 계시를 더 해 줄 것입니다.

옳은 사고방식 틀린 사고방식
(Right and Wrong Thinking)
케네스 해긴 지음 · 김진호 옮김 / 문고판 64 p / 값 1,200원
그리스도인들이 넘어서야 할 가장 큰 과제가, 하나님 말씀의 사람 - '성경대로 생각하고 믿고 말하는 믿음의 사람'이 되는 것입니다.

속량 - 가난, 질병, 영적 죽음에서 값 주고 되사다
(Redeemed from Poverty, Sickness, and Spiritual Death)
케네스 해긴 지음 · 김진호 옮김 / 문고판 64 p / 값 1,200원
그리스도께서 십자가에서 죽으시고 부활하심으로 마귀의 저주와 권세로부터 믿는 사람들을 완전히 되사셨습니다(Redeemed).

예수의 보배로운 피 (The Precious Blood of Jesus)
케네스 해긴 지음 · 김진호 옮김 / 문고판 48 p / 값 1,000원
예수님의 피는 죄의 값인 사망으로부터 우리를 값주고 되산 속량의 피요 이를 믿는 자들을 의롭다하실 하나님과 세우신 새 언약의 피입니다.

하나님을 탓하지 마십시오 (Don't Blame God!)
케네스 해긴 지음 · 김진호 옮김 / 문고판 48 p / 값 1,000원
하나님은 우리를 사랑하셔서 아들까지 내어주신 분입니다. 문제는 하나님 편이 아니라 내 편에 있다는 것을 인정할 때 문제 해결의 길이 열립니다.

네 주장을 변론하라 (Plead Your Case)
케네스 해긴 지음 · 김진호 옮김 / 문고판 48 p / 값 1,000원
무조건 자신의 소원을 부탁하거나, 말씀 한 구절을 붙잡고 고백하는 기도가 아니라, 어떻게 하나님께 나아가서 그 분께 말씀을 드리는지 기도의 예전(protocol)을 소개합니다.

셀 모임에서 성령인도 받기 (Learning To Flow with the Spirit of God)
케네스 해긴 지음 · 김진호 옮김 / 문고판 48 p / 값 1,000원
셀 모임이나 기도 모임, 예배와 같은 신자들의 모임에서 어떻게 성령님이 인도하시는 방향으로 그 흐름을 놓치지 않고 따를 수 있는지 목사님의 평생 사역 경험을 소개하고 있습니다.

기타 「믿음의 말씀」 설교자의 책들

성령의 삶 능력의 삶 (The Walk of the Spirit The Walk of Power)
데이브 로버슨 지음 · 김진호 옮김 / 국판 480 p / 값 13,000원
수많은 시간 방언으로 기도하면서 받은 방언 기도의 비밀을 밝힌 하나님의 놀라운 계시가 여기 있습니다. 이 책은 방언 기도를 통해 어떻게 성령을 따라 걸으며 능력을 따라 살 수 있는지를 가르쳐 줍니다.

두 가지 의 (Two Kinds of Righteousness)
E.W. 케넌 지음 · 김진호 옮김 / 국판 272p / 값 9,000원
당신이 그리스도 안에서 누구이며 어떤 사람인지 알기 전까지는, 당신은 승리의 삶을 살지 못합니다. 이 중요한 책을 통해 지금까지 많은 사람들의 삶을 변화시켰듯이 당신의 삶도 변화시킬 것입니다.

믿음의 반석
최순애 지음 / 국판 352p / 값 12,000원
당신의 믿음의 집은 반석 위에 세워져 있습니까? 이 책은 당신이 예수님을 영접한지 얼마 되지 않았거나 성숙한 성도이거나를 막론하고 당신의 믿음을 반석 위에 올려놓을 수 있는 길잡이가 될 것입니다.

위글스워스: 하나님과 함께 동행했던 사람
(Wigglesworth: A Man Who Walked With God)
조지 스토몬트 지음 · 김진호 옮김 / 국판 192 p / 값 7,000원
세상을 흔들었고 새로운 은사주의 갱신의 기초를 제공했던 믿음의 사도, 위글스워스의 삶과 사역의 영적인 의미를 파악할 수 있습니다.

믿음의 말씀 고백 기도집 (The Confessions of a Baptist Preacher)
잔 오스틴 지음 · 김 진호 옮김 / 46판 136 p
이 책은 당신을 도와 어떻게 하나님의 말씀을 고백하고 인생에서 위대한 변화를 가져올 수 있는지를 정확히 알려줄 것입니다. 이 책을 반복해서 읽으며 고백의 교과서와 설명서로 사용하십시오.

행동하는 신자들 (BELIEVERS IN ACTION)
T. L. 오스본 지음 · 김진호 옮김 / 46판 112p / 값 4,000원

우리가 그리스도의 형상을 세계에 알리는 것은 우리의 생각과 우리의 말, 그리고 우리의 행동을 통해서입니다. 그리스도께서는 우리를 통해 일하십니다. 우리는 행동하는 신자들입니다.

믿음으로 사는 삶 (The Life of Faith)
코넬리아 나줌 지음 · 신현호 옮김 · 김진호 추천 / 46판 176p / 값 6,000원

믿음으로 살았던 한 평범한 선교사님의 입을 통해 믿음으로 사는 삶의 비상한 이야기를 통하여 독자들을 하나님의 나라를 향해 더욱 높이 올라가게 할 것입니다.

승리하는 믿음 (Faith That Prevails)
스미스 위글스워스 지음 · 김진호 옮김 / 46판 112p / 값 4,000원

당신도 승리하는 믿음이 필요합니까? 여기 당신의 삶을 바꿀 수 있는 책이 있습니다. 당신이나 당신이 사랑하는 사람이 오늘 당면하고 있는 시련에 대한 위로를 발견하게 될 것입니다.

하나님의 사랑의 흐름 (The Divine Flow)
잔 오스틴 지음 · 김진호 옮김 / 문고판 64 p / 값 1,200원

당신이 하나님의 사랑의 흐름을 느낄 때면 당신은 하나님을 느끼고 있는 것입니다. 하나님의 사랑의 흐름을 따라 감으로써 당신을 기다리고 있는 새로운 모험을 당신은 즐기게 될 것입니다!

그리스도 안에 있는 나를 인정하기 (In Christ)
마크 행킨스 지음 · 김진호 옮김 / 문고판 48 p / 값 1,000원

사도 바울의 서신을 통해 계시된 '그리스도 안에서'의 메시지를 각 사람이 말씀으로 자기 영상과 사고방식을 새롭게 하고 태도와 말까지 일치시킬 때 말씀의 열매와 능력이 나타납니다.

100개의 신유 진리 (100 DIVINE HEALING FACTS)
티 엘 오스본 지음 · 김진호 옮김 / 문고판 48 p / 값 1,000원

병든 사람들의 손에 이 작은 책을 들려주고 읽어주고 믿음이 자랄 수 있도록 반복해서 가르쳐서, '우리의 질병을 짊어지신 그리스도'를 믿고 하나님의 병 고침을 체험하도록 도와줍니다.

심을 때와 거둘 때 (Seedtime and Harvest)
찰스 캡스 지음 · 김진호 옮김 / 문고판 48 p / 값 1,000원

당신이 하나님의 약속의 말씀을 씨앗으로 입 밖으로 말할 때 이 말씀은 당신의 심령에 들어가서 자람으로써 축복의 수확을 하게 한다는 것을 당신은 이 책을 통해 배우게 될 것입니다.

하나님의 창조적 능력 (God' Creative Power)
찰스 캡스 지음 · 김진호 옮김 / 문고판 48 p / 값 1,000원

오늘날 말은 우주에서 가장 강력한 것입니다! 말은 능력을 담는 그릇입니다. 당신의 입의 말을 통해서 어떻게 하나님의 능력을 풀어 놓을 수 있는지를 배우도록 하십시오.

Jesus Mission Academy
예수 선교 사관학교

당신을 향한 '하나님의 계획'을 찾아 이루고 싶지 않으십니까?

예수 선교 사관학교가 당신을 그 곳으로 인도할 수 있습니다.

- 열매로 검증된 강사들
- 미국 레마 성경 훈련소 졸업생들과 연결
- 셀 교회 선교 네트워크와 연결
- 현장 실습과 체험적 지식
- 다른 사람에게 가르칠 수 있는 내용

당신은 인생에서 이런 것들을 원하지 않습니까?

- 당신의 삶을 향한 하나님의 최고의 계획을 찾아 살고 싶습니까?
- 셀 교회 원리를 체득하여 교회개척의 프론티어가 되고 싶습니까?
- 새 언약의 비밀인 새로운 피조물의 실체를 확실히 깨닫고 싶습니까?
- 하나님의 영으로 인도받으며 그 흐름을 따르는 법을 배우고 싶습니까?
- 성령의 삶 능력의 삶을 사는 하나님의 군대의 장교가 되고 싶습니까?

그렇다면, '예수 선교 사관학교'는 당신을 위해 하나님이 세우신 훈련소입니다.

'셀 교회 개척과 번식 원리'라는 가죽 부대 안에 케네스 해긴 목사님이 세우신 미국 털사의 레마 성경 훈련소에서 가르치는 '믿음의 말씀'이라는 새 포도주를 레마 출신 현역 사역자들이 배달할 것입니다.

선교하라고 복 주신 교회
 분당예닮교회
The Jesuslike Church

연락처 : (031) 703-2296
http://www.jesuslike.org